Foi Carlo!

Conheça
nossos clubes

Conheça
nosso site

- @editoraquadrante
- @editoraquadrante
- @quadranteeditora
- Quadrante

Foi Carlo!

Padre Fábio Vieira

RELATOS DESCONHECIDOS DE UM MILLENNIAL QUE SE TORNOU SANTO

2ª edição

São Paulo
2024

Copyright © 2021, Fábio Vieira

Capa
Gabriela Haeitmann

Dados Internacionais de Catalogação na Publicação (CIP)
(Câmara Brasileira do Livro, SP, Brasil)

Vieira, Fábio
　　Foi Carlo! / Fábio Vieira – 2ª ed. – São Paulo : Quadrante Editora, 2024.

　　ISBN: 978-65-89820-12-3

　　1. Biografias 2. Catolicismo 3. Igreja Católica 4. Juventude 5. Santidade
I. Título.

21-74818　　　　　　　　　　　　　　　　　　　　　CDD 248.8

Índices para catálogo sistemático:
1. Santidade : Vida cristã 248.8

Aline Graziele Benitez - Bibliotecária - CRB-1/3129

Todos os direitos reservados a
QUADRANTE EDITORA
Rua Bernardo da Veiga, 47 - Tel.: 3873-2270
CEP 01252-020 - São Paulo - SP
www.quadrante.com.br / atendimento@quadrante.com.br

Sumário

Apresentação, por Roberto Oliveira 7

Foi Carlo! 11

A vocação 13

O primeiro encontro com Carlo 25

A pandemia 33

A internet 43

A família Acutis: os irmãos 53

A família Acutis: Andrea, o pai 65

A família Acutis: Dona Antonia, a mãe 75

A família Acutis: Luana, a avó 89

Assis 97

A beatificação 107

A receita de Carlo para a santidade em oito passos 115

Apresentação,
por Roberto Oliveira

Sursum corda!

Caro leitor, este é o convite que lhe faço ao chamá-lo a «saborear» este livro. A história de Carlo, e o que ele «aprontou» na vida de meu estimado amigo Pe. Fábio, nada mais é do que um convite a, nas palavras de nosso Beato, fazermos um «simples movimento de olhar: de baixo para o alto».

Muitos se impressionam com o testemunho de Carlo Acutis, jovem que conseguiu galgar, na flor da juventude, os píncaros da santidade. Porém, o que realmente impressiona é que Carlo era um jovem *comum*, que gostava de coisas comuns, assistia a desenhos animados, jogava futebol com os amigos, tocava saxofone... No entanto, fazia tudo isso com o olhar e o coração voltados para Deus. Pode-se dizer que Carlo viveu como ninguém o convite que o sacerdote nos faz a cada Santa Missa: *Sursum corda!*

Passaram-se quatorze anos desde o dia em que Carlo completou sua corrida pela «via expressa para o Céu». Seu exemplo até hoje comove, inspira e leva as pessoas a deixarem os «pequenos pesos» que as prendem à terra para alçarem voo rumo à meta, rumo ao infinito, ao Céu que «há muito tempo nos espera».

Quis Carlo, por desígnio do Criador, que esta Terra de Santa Cruz, sequer pisada pelo Beato, fosse o epicentro da difusão de sua devoção ao redor do orbe. Foi aqui que Deus se dignou realizar, por sua intercessão, o portentoso milagre, reconhecido pela autoridade da Igreja, que possibilitou a beatificação de nosso herói.

Padre Fábio e Carlo «se conheceram» por meio de um amigo em comum: o Padre Marcélo Tenório, um dos pioneiros em divulgar Carlo Acutis em nossa pátria. Mas o que aconteceu para que Padre Fábio, sacerdote de uma pequena Diocese no coração do Pantanal sulmatogrossense, cruzasse o oceano e chegasse a morar por um ano com a família Acutis, bem no meio de uma crise sanitária de proporções apocalípticas? Isto deixo para o nosso autor contar...

Muitas vezes, só depois que as coisas acontecem é que, olhando de fora, podemos ter uma visão mais

APRESENTAÇÃO, POR ROBERTO OLIVEIRA

holística dos acontecimentos. E, iluminando a razão com a luz da fé, podemos fazer a leitura daquilo que nos acontece e perceber a ação de Deus nas menores coisas, naquelas coisas mais cotidianas que em geral nos passam despercebidas.

É neste contexto que vem a lume o livro *Foi Carlo!*. A partir desta inesquecível experiência – diria até uma aventura – que Padre Fábio viveu, bem como do modo como o Beato Carlo influenciou sua vida e a vida da família Acutis, também somos convidados a lançar um olhar sobre nossa realidade e a perceber como Deus nos ama de maneira única. Quem ama chega na frente, se antecipa, se esmera até mesmo nas minúcias pela pessoa amada. Este é o *modus operandi* de Deus conosco: mesmo que não o percebamos, sua providente onipotência se encarrega de tudo para o bem daqueles que Ele ama, ainda que nos pareça, de início, tratar-se de um «desastre socrático».

Por fim, esta obra convidará o leitor a redescobrir a riqueza da Fé Católica – a fé que Carlo viveu de maneira exemplar. Carlo se santificou simplesmente porque foi plenamente *católico*. Viveu sua fé de maneira muito autêntica, sem muitos floreios ou ideologias. Na Santa Missa e na Comunhão diárias, na devoção carinhosa a Nossa Senhora por meio da récita do Santo Terço, na leitura orante da Sagrada Escritura, nos sacrifícios e caridades cotidianos, na devoção ao Santo Anjo da Guarda, descobriu a chave para o imensurável tesouro do Céu.

Rogo à Santíssima Virgem Maria, única mulher da vida de Carlo, que o ajude, caro leitor, a saborear toda a aura sobrenatural, o imponderável que permeia a vida de Carlo. E que Ela nos ajude, apesar de nossas humanas limitações, a estar sempre com o coração em Deus.

Um pobre escravo da Santíssima Virgem Maria.

Foi Carlo!

Sim, agora entendo tudo. Foi Carlo!

Ele me trouxe para junto dos seus a fim de que vivesse com eles esses dias em que o sofrimento, a dor e a tristeza tomaram conta da nossa *bella Italia*. Foi Carlo que me fez companhia na solidão que por vezes me doía, massacrando uma alma que esperava ser acolhida e não tinha como encontrar alento.

Foi Carlo que me acolheu todos os dias às 18 horas, quando o boletim diário da epidemia era apresentado na TV e as lágrimas caíam quando o número de mortos era apresentado, ou ao ver o Santo Padre traçando solenemente o sinal-da-cruz com o Santíssimo Sacramento sobre a Praça de São Pedro completamente deserta.

Foi Carlo que me fez companhia nas noites longas, quando o silêncio de Assis ecoava dentro de mim e fazia pulsar uma angústia profunda, sem que eu entendesse o porquê de tudo o que estava acontecendo.

Foi Carlo que falou comigo em sonho e me mostrou um grande campo cheio de pessoas, para as quais ele apontava e dizendo, com seu olhar, que me esperavam para rezar. Entendi, então, que aquela era uma grande plataforma de pessoas carentes de um sinal do amor de Deus.

Foi Carlo que me trouxe do Brasil para estar com os seus nesse momento difícil, para não lhes deixar faltar o que, para ele, fora sua estrada para o Céu.

Foi Carlo que me inspirou a buscar a Mãe de Deus na oração do Santo Terço e, dEla, obter conforto e alento para continuar na paz interior.

Foi Carlo que, ao longo dos dias, foi me mostrando por meio de sinais que algo já estava sendo construído dentro de mim para uma missão maior.

Foi Carlo que me fez sentir a alegria do Céu aqui na Terra por meio da oração. Foi Carlo que me fez amar mais ainda a Eucaristia e tê-la como centro da minha vida.

É para você, Carlo, que dedico estas reflexões, que expressam o que vivi nesses dias de silêncio e encontro com Deus. Agora, sinto que a alegria está viva, a esperança se fortaleceu e a fé cresceu ainda mais, porque fiz um grande retiro espiritual e um profundo e verdadeiro encontro com Deus na oração, em sua companhia.

Foi Carlo...

Quaresma de 2020

I

A vocação

Sou de Fortaleza, capital do Ceará. Morávamos em um bairro de periferia, e minha família era aquilo que hoje chamamos de «católicos de IBGE». Serei sincero: não posso dizer que, algum dia, cheguei a receber dos meus pais um testemunho de catolicidade, de vivência na fé. Isso não existia. Não me recordo, por exemplo, de alguma ocasião em que minha mãe ou meu pai me tenham chamado para irmos à Missa...

A única referência de fé que tive na minha infância foi minha avó materna: sempre a via com o Terço na mão. Toda vez que a visitava, sentia sua piedade e o seu amor a Nossa Senhora demonstrados pelas imagens que tinha, por sua linguagem e pelo seu jeito de ser. Aquilo me atraía muito – como era bom estar com a vovó! Ela era, na minha família, o pouco de catolicidade que eu encontrava.

Mesmo não tendo a vida de fé em casa, todos nós, eu e meus quatro irmãos, fomos batizados e fizemos a catequese. Mas o que minha mãe fez foi apenas me matricular, porque jamais fora à Missa comigo. Eu ia sozinho, tanto para a Missa quanto para a catequese: era algo meu; eu queria fortemente fazer a primeira comunhão. E comecei a me interessar muito pelas coisas da Igreja.

Entrei no grupo de coroinhas de uma Paróquia – não a minha, mas uma Paróquia vizinha do meu bairro em Fortaleza, cuidada por Padres salvatorianos. Eu estava todo domingo na igreja. Durante a semana, sempre a visitava. Era ótimo e me fazia muito bem encontrar com os outros «coroinhas».

Isso, contudo, começou a incomodar minha mãe:

– Está indo muito à igreja – dizia. – Tem de ficar mais em casa!

Ouvi-la dizer essas coisas entristecia-me imensamente. Meu pai, porém, nunca disse «sim» ou «não»; simplesmente não interferia. Minha mãe era um pouco mais resistente. Ouvi dela, várias vezes, que não queria «filho Padre». Não sei que concepção tinha sobre o sacerdócio. Imagino que, justamente pela falta de compromisso com a Igreja, por sua falta de fé e falta de conhecimento, querer um filho Padre não era prazeroso.

Éramos uma família pobre, com seus problemas. Meu pai tinha alguns vícios, principalmente o alcoolismo, que nos faziam sofrer muito. Diante de tudo isso, a Igreja era minha fonte de consolo...

Apesar de eu ser coroinha em outra Paróquia, o grande momento – isto é, o chamado de Deus ao sacerdócio – foi despertado em meu coração graças ao Pároco de onde eu morava, o querido e saudoso Padre Almeida. Certa noite, em 1989, a comunidade quase vizinha à minha casa – ou seja, as pessoas do bairro – se reuniu e chamou o Pároco porque pretendia construir uma capela. Minha catequista, que morava nas redondezas e também era catequista na Paróquia vizinha, juntou-se a esse movimento.

No terreno onde se construiria a capela nova, não havia energia elétrica. As pessoas, portanto, colocaram um lampião alimentado por um pequeno botijão de gás e uma mesa. De repente, surgiu aquele Padre. Eu cheguei atrasado e fiquei no fundo, envergonhado e tímido. De onde estava, o sacerdote, a uns quinze ou vinte metros de distância, me avistou. E, como se não bastasse, deu um grito bem forte:

– Ei, jovem! Você! Vem aqui!

Não quis conversar com ele. Corri e fui para casa.

O sacerdote, no entanto, procurou saber quem eu era. Contaram-lhe sobre mim e, no encontro seguinte, ele apareceu de surpresa à porta de minha casa.

– Ei, jovem, encontrei você! Vim lhe fazer um convite. Vamos para os encontros vocacionais da

Paróquia? – Foi assim, muito direito e sem respeitos humanos, – Você vai ser Padre.

«Você vai ser Padre». Aquilo começou a me incomodar. Comecei a fugir do Padre Almeida. Por mais que eu participasse da vida paroquial, não tinha despertado para a vocação. Mas ele não desistiu.

– Espero você, no sábado – disse –, na igreja matriz, para o encontro vocacional.

Passei aquela semana inteira em um dilema: «Vou ou não vou? Vou! Não vou! Vou? Não vou!». Consultei, portanto, algumas pessoas, inclusive a minha catequista, que me encorajou:

– Vai! Vai! Vai ser legal para você, vai ser bom!

E eu fui.

Como fui bem recebido naquele encontro! O Padre Almeida estava radiante de alegria! Eu via aquilo e me perguntava: «Meu Deus, o que esse Padre viu em mim?». Ele me apresentou a igreja, convidou-me para participar do grupo de coroinhas. Quando dei por mim, estava inserido em todos os projetos da comunidade.

– Olha – falou-me –, você vai ficar lá engajado na comunidade. Quando eu for lá celebrar Missa, você vai estar do meu lado.

E assim foi. Começamos a construção da capela dedicada a Santa Teresinha do Menino Jesus, a primeira santa por quem tive grande devoção. Foi ela quem me abriu as portas para o conhecimento da vida dos santos da Igreja.

A VOCAÇÃO

Dois anos depois, a capela ficou pronta. O Padre Almeida me nomeou coordenador da comunidade. Eu tinha apenas dezesseis anos. Que confiança teve esse Padre em um jovem de dezesseis anos! Ele nos valorizava tanto – aos vocacionados – que nos colocava na «linha de frente». Já nos chamavam de «miniPadres».

Meu ingresso no Centro Vocacional – que o Padre Almeida estava iniciando como se fosse um seminário propedêutico – despertou um grande conflito. O Padre Almeida foi quem protagonizara e construíra tudo aquilo, e nós, os vocacionados, fomos os primeiros a fazer a opção de morar com ele. É claro que minha mãe se opôs. Não porque eu era menor de idade, mas porque ela não queria que eu me tornasse sacerdote.

– Você não vai!

Ela armou uma grande confusão.

– Eu vou! – respondia. – A vida é minha, mãe! A senhora não pode interferir na minha opção, no que eu quero fazer!

– Mas eu não quero que você seja Padre...

Ela queria que eu fosse médico, advogado – alguma dessas profissões de referência na época, dessas carreiras que davam boa condição de vida. Mas eu fui, com um acordo sugerido pelo Padre Almeida: «Você passa três dias na sua casa e quatro aqui». Era um semiaberto. Embora eu passasse quatro dias no Centro Vocacional, não tinha a menor vontade de ir para casa. Queria viver aquilo tudo integralmente.

Em pouco tempo, já estava coordenando o grupo de coroinhas. Gostava de ser chamado de «seminarista», mas era apenas vocacionado. Cursava o ensino médio em uma escola particular – custeada, aliás, pelo Padre Almeida, que nos ajudava a todos. Sozinho, jamais teria condição de estudar em escola particular.

Terminado o ensino médio, chegou o momento da minha escolha. O Padre Almeida foi muito claro: perguntou-me se eu queria ser diocesano ou religioso. Ele fora salesiano; por isso, respirávamos a espiritualidade de Dom Bosco: havia a Capela Dom Bosco, a Capela Nossa Senhora Auxiliadora, o Grupo de Coroinhas Domingos Sávio etc. Toda a espiritualidade salesiana me encantava muito. Eu diria até que o poder de atração do Padre Almeida se dava por sua «salesianidade». Eu o via como se fosse um outro Dom Bosco, ainda que fora da congregação. Ele foi mais salesiano fora que dentro. Assim, optei por tornar-me salesiano.

Concomitantemente, meus pais se divorciaram e foram para São Paulo. O Padre Almeida entrou em contato com a Inspetoria de São Paulo: comecei minha trajetória de salesiano em 1993, como seminarista maior em Sorocaba. Tive minha primeira experiência no Colégio Salesiano de lá, onde vivi por um ano, para depois começar a estudar filosofia.

A VOCAÇÃO

Esse foi um período riquíssimo – e próximo da minha família natural, que para lá se mudara. Ainda hoje tenho um profundo apreço pelo diretor, o Padre Plínio Possobom, que vivia uma «salesianidade» profunda. Refiz o terceiro ano do ensino médio e, no ano seguinte, fui aprovado para começar os estudos de filosofia em Lorena, enquanto minha família permaneceu em Sorocaba.

A faculdade é um outro universo, uma outra grande experiência de vida. Depois do pré-noviciado, que é o primeiro ano de filosofia, fui aprovado para o noviciado em São Carlos. Foi nessa ocasião que morei com aquele que viria a ser Bispo de Corumbá e, depois, arceBispo de Cuiabá, Padre Milton Santos, que era o mestre de noviços. Já o conhecia porque era da congregação, mas durante esse período em São Carlos, em 1995, criamos uma afinidade muito grande.

Terminado o noviciado, fiz minha profissão e voltei para Lorena, para o pós-noviciado. Completei o curso de filosofia; em seguida, deixei a congregação. Estava entrando em conflito comigo mesmo. Sentia que tudo aquilo era como que um resquício do Padre Almeida dentro de mim. Eu era muito «livre», e percebia que a congregação não era especificamente minha vocação. No pós-noviciado, portanto, cheguei à conclusão de que a vida religiosa não era para mim, que eu não seria feliz como salesiano e que não deveria fazer os votos perpétuos. Tinha de seguir outro caminho. Sabia que seria sacerdote, mas ainda não havia despertado para a vocação de um diocesano. Hoje, olhando para trás, tendo passado por tudo que passei, vejo que eu sou uma fotocópia do Padre Almeida: ele foi um grande empreendedor, um grande construtor de obras – e, em todo esse meu tempo de Padre, foi o que fiz!

Deixei a congregação e voltei para casa. «Para casa», na verdade, em termos, porque escolhi São Carlos para morar. Fui muito bem acolhido pelas freiras com quem tinha trabalhado, e passei a lecionar Ensino Religioso no Colégio São Carlos. Prestei outro vestibular, em pedagogia, e fui aprovado. Fabiola, minha irmã, foi morar comigo e fiquei três anos por lá. Aceitei o grande desafio de trabalhar na Faber-Castell, como educador encarregado de alfabetizar um grupo de funcionários. Dava aulas, pela manhã, no colégio; depois, ia para a Faber-Castell; e, à noite, ainda fazia faculdade.

Foi um período muito corrido, mas posso dizer que, durante esse tempo fora do seminário – foram seis anos, três em São Carlos –, eu fui mais seminarista do que antes. Parecia que eu jamais havia saído do seminário: a minha vida, o meu jeito de ser, o meu compromisso com a Igreja, tudo continuava ali. Parecia que eu era um «Padre em potência». Resolvi voltar para Sorocaba, mas fui contratado por outro colégio de freiras, em Porto Feliz, uma cidadezinha bem próxima. No primeiro ano, morando em Sorocaba, ia todos os dias a Porto Feliz e Salto, outra cidade da região, onde também dava aulas em dois colégios religiosos. Para não continuar nesse trânsito, mudei-me para Porto Feliz. Já estava mais envolvido: dava aula de manhã, à tarde e à noite no Colégio das Irmãs Filhas de São José, em Porto Feliz, e na cidade de Salto.

Nesses seis anos, fui professor e dediquei-me exclusivamente à educação dos jovens. No colégio de Porto Feliz, lecionava da quarta série do ensino fundamental ao terceiro ano do ensino médio, bem como nos cursos técnicos à noite. A minha vida estava dentro do colégio. Foi quando resolvi fazer um concurso em Sorocaba para diretor escolar – como comumente se exige em São Paulo e nos municípios. E a vocação? Eu sabia que seria Padre, mas não sabia onde, quando ou como. Naquele momento, queria ser diretor, porque a educação me fascinava.

Lembro-me como se fosse hoje. Entre mais de três mil candidatos, havendo somente sessenta vagas, fui o vigésimo segundo colocado. Foi uma alegria muito grande. E, quando fui chamado para levar a documentação, a prova de títulos, para poder tomar posse, ligou-me Dom Milton Santos. Não mais Padre Milton, o meu mestre de noviços: *Dom Milton, Bispo de Corumbá*. Ele havia descoberto meu telefone. Precisava que eu fosse a Rio Claro buscá-lo, para que fosse à ordenação de um sacerdote. Foi uma surpresa – uma surpresa divina.

– Sou Bispo de Corumbá! – contou-me.

– Padre Milton – respondi –, que bacana, que surpresa boa!

Era até estranho chamá-lo «Dom Milton».

– É o seguinte – continuou –, eu estou aqui em Rio Claro e preciso ir a Cruzeiro para a ordenação de um Padre. Você poderia me levar?

– Tudo bem, assim a gente se encontra e coloca o papo em dia!

Fomos de Rio Claro até o Vale do Paraíba conversando – são uns 350 quilômetros.

E então o Céu falou pela boca de Dom Milton:

– Eu sou Bispo de Corumbá e você tem de voltar. Eu conheço você, e está na hora de voltar. E vou precisar, porque minha Diocese é pobre em todos os sentidos... Não tenho Padres nem seminaristas, e você é uma grande promessa.

– Dom Milton, isso me deixou emocionado até!

Foi tudo o que consegui responder.

Essa conversa aconteceu em maio de 2002. Menos de um ano depois, em janeiro de 2003, lá estava Dom Milton, em Sorocaba, na minha casa, ajudando a arrumar minha mala.

Era 31 de janeiro, festa de São João Bosco, e um Bispo salesiano me levava para o Mato Grosso do Sul. Saímos de Sorocaba às oito horas. Às seis da tarde, chegamos a Campo Grande, e ele me deixou no seminário para fazer a Teologia, já como seminarista da Diocese de Corumbá.

A VOCAÇÃO

Meses depois, Dom Milton foi transferido para ser Bispo de Cuiabá. Então, disse-me:

– Se quiser, venha comigo.

– Não, eu vou ficar.

E foi assim que Corumbá entrou na minha vida: de uma forma muito forte.

Eu estudava em Campo Grande, mas pertencia à Diocese de Corumbá, e estava sempre na cidade, especialmente no último ano de formação, em que os seminaristas intensificam o trabalho pastoral. Com a saída de Dom Milton, Corumbá recebeu outro Bispo: Dom Segismundo Martínez, espanhol que estava no Mato Grosso, também salesiano. Em 9 de dezembro de 2006, fui ordenado Diácono pelas mãos dele e enviado para o Distrito de Albuquerque. Ali começou a minha vida pastoral como Ministro Ordenado da Igreja. Acolhi aquele Distrito, com todos os seus desafios – e quantos desafios!

Permaneci em Albuquerque por quase seis anos – como Diácono e Padre, pois fui ordenado sacerdote sete meses depois de me tornar Diácono. Uma coincidência que tenho de registrar: minha ordenação sacerdotal ocorreu em sete de julho, no sétimo dia da semana, às sete da noite. Um amigo ainda me disse que o Bispo permaneceu por sete segundos com a mão na minha cabeça. Céus! Por fim, fui enviado à sétima Paróquia da Diocese.

Em Albuquerque, tive de ser não apenas Padre, mas médico, juiz, advogado... A situação social daquela região era muito triste. Um Distrito no meio do Pantanal, repleto de desafios... Enfrentei perseguições e até ameaças de morte por combater a prostituição. Graças a Deus, sempre tive a ajuda do poder público e de muitas pessoas amigas, inclusive juízes, sem falar da minha "madrinha", Elizabeth Assad Fontenelle, que desde o início me acolheu em Corumbá. Ela era coordenadora de pastoral e hoje é uma grande amiga. É a «mãe» dessa Diocese.

Foram momentos difíceis, cheios de precariedade. Não tínhamos nem mesmo onde dormir. Foi graças a um prefeito muito solícito que pudemos erguer tudo: a casa paroquial, uma igreja construída e reformada... Além disso, é claro, também precisávamos de recursos para ajudar aquela população de dois mil habitantes no meio do Pantanal. Para um sacerdote recém-ordenado, foi uma experiência realmente desafiadora, mas também repleta de graças.

2
O primeiro encontro com Carlo

Após minha passagem pelo Distrito de Albuquerque, fui nomeado Pároco da Catedral Nossa Senhora da Candelária. Cheguei à cidade como Pároco da Catedral, o que – não é preciso explicar – tem a sua importância. Não é raro que ocorra uma disputa entre Padres para ocupar esse posto – algo que particularmente me entristece, mas que existe em muitos lugares. A verdade é que jamais imaginaria ser designado para assumir a Catedral.

Fui Pároco lá por oito anos. Alegra-me dizer que conquistamos uma enorme unidade paroquial e pastoral. Formamos o povo, realizamos encontros de casais... Deixamos, também, um grande legado físico: a restauração do quase bicentenário edifício. A Catedral de Nossa Senhora da Candelária é a igreja mais antiga do Mato Grosso do Sul e estava quase em ruínas. Conseguimos que ela fosse tombada tanto pelo município quanto pelo estado, o que nos permitiu captar recursos para sua restauração. Foi uma luta do povo, mais popular que institucional. A iniciativa foi nossa e de pessoas amigas.

Precisamente nessa época, quando fui Cura da Catedral, a família Acutis entrou em minha vida. Já estava havia dois anos no cargo quando fui, em 2013, a Assis, na Itália, pela primeira vez. Acompanhou-me um sacerdote amigo, o Padre Marcelo Tenório, de Campo Grande, que havia sido da minha turma de seminário e estava começando a divulgar a devoção a Carlo Acutis, recém-declarado Servo de Deus. Padre Marcelo havia entrado em contato com a mãe de Carlo, Dona Antonia, por meio da internet. Contara-lhe que estava indo a Assis com um sacerdote amigo. Ela nos acolheu com muito carinho e empolgação. Hospedou-nos e mostrou-nos a bela Assis. Da nossa parte, comprometemo-nos a divulgar a vida de Carlo Acutis no Brasil.

Aproveito este momento para deixar algo muito claro: essa divulgação foi muito mais obra do Padre Marcelo Tenório que minha. Foi ele quem assumiu esse protagonismo de uma forma muito perseverante, de autêntica doação, inclusive com recursos materiais. Era o Padre Marcelo na capital do estado e eu, em Corumbá, na retaguarda.

Mantivemos o contato com Dona Antonia, e tudo foi se encaixando de forma muito singular na nossa relação – entre ela, o Padre Marcelo e eu. Passamos a ir a Assis todos os anos. Na primeira via-

O PRIMEIRO ENCONTRO COM CARLO

gem, fomos também a Milão, para conhecer todos os lugares importantes na vida de Carlo. Ela nos mostrou tudo. Sempre visitávamos o túmulo de seu filho. Tudo isso dizia algo no meu coração: como era bom ir a Assis todo ano e encontrar ali aquele jovem! Realmente o sentíamos próximo a nós!

Quando começou a divulgação mais intensa em Campo Grande, durante o ano de 2013, aconteceu ali o milagre que foi apresentado para a postulação. Nesse ínterim, fiz algumas peregrinações a Assis, reencontrando Dona Antonia. Em outras ocasiões, era o pai do Carlo, Andrea, que falava aos peregrinos. Àquela altura o milagre[1] já estava sendo avaliado pelo Vaticano e a Congregação para as Causas dos Santos determinou a abertura do processo de investigação, com o tribunal sediado em Campo Grande. Fui nomeado portador do processo, para cuidar dos trâmites junto à Congregação.

Isso me deixou ainda mais próximo da família de Carlo. Por duas vezes fui a Roma levar o processo, pois foi preciso refazer parte da documentação – que

---

(1) Matheus, um menino de Campo Grande (MS), havia sido diagnosticado com «pâncreas anular» – uma condição rara, na qual, a segunda parte do duodeno é circundada por um anel de tecido pancreático, que o pode comprimir, prejudicando (e no pior dos casos, inclusive, bloqueando) o fluxo de alimentos para os intestinos. O rapaz sofria muitíssimo, não conseguia comer, e a família achou que o perderia. Por recomendação do Padre Marcelo Tenório, seus parentes se voltaram à devoção por Carlo Acutis. Conta-se que Matheus teria tido contato com uma relíquia de Carlo. Em exames posteriores, os médicos não perceberam a anomalia, que desaparecera miraculosamente. (N. do E.)

dizia respeito a alguns testemunhos. Falarei melhor desse processo adiante. Mas o fato é que essas idas e vindas aumentaram meu vínculo com a família Acutis, especialmente com Dona Antonia, que me acolhia e me levava para todos os lados.

Em 2018, ela me convidou e me presenteou com um curso de italiano. Fiquei na casa deles – casa esta, inclusive, onde o Carlo morara.

Estudei italiano por dois meses. e ela me fez outro convite: permanecer ali, tirar um «período sabático».

– Padre Fábio, aqui precisamos muito de Padres como o senhor – disse ela.

Acredito que Dona Antonia via em mim certa empolgação, um sacerdote talvez do jeito que Carlo teria gostado de conhecer. Não posso julgar isso, mas, de fato, houve uma sintonia entre nós: era bom estar com eles...

– Dona Antonia – respondi –, quem sabe um dia eu venha ficar aqui em Assis por um tempo, contribuir com a associação...

Mas ela tinha planos bem maiores:

– Não! Precisamos do senhor. Será muito bom para ouvir confissões, atender aos peregrinos.

Para me aconselhar, recorri ao Padre Almeida – afinal, ele é a origem da minha vocação, o sacerdote que marcou minha vida, a minha referência de ser humano, de pai, de amigo. Quando voltei da Itália com a proposta da família de Carlo, telefonei para ele:

O PRIMEIRO ENCONTRO COM CARLO

– Padre Almeida, recebi essa proposta.

Ele foi rápido e imediato:

– Vá, vá. – Ele também estava difundindo a devoção a Carlo em Fortaleza. – Vá, eu já vejo você lá – prometeu.

Infelizmente, nunca nos encontramos «lá» em Assis. Ele faleceu em 13 de fevereiro de 2019, em decorrência do diabetes – já havia inclusive perdido uma perna. Em dezembro de 2018, ele me telefonara pela última vez, já internado; queria saber quem era meu novo Bispo, pois Dom Martínez se aposentara. Como me faz falta o Padre Almeida! Em cada passo que eu dava, em cada decisão a tomar, ele era meu diretor espiritual à distância. Todo ano eu ia a Fortaleza para nos encontrarmos, mas nas emergências lhe telefonava. Aquele «vá» ficou comigo, especialmente depois que ele faleceu.

Logo em seguida, a Igreja reconheceu o milagre de Campo Grande. Assim que foi feita a exumação do corpo de Carlo, transladado para o Santuário do Despojamento, em Assis, Dona Antonia mais uma vez me pediu que fosse para lá:

– Venha, porque no santuário onde está o corpo do Carlo precisamos de um Padre para atender às confissões, para que possa haver adoração eucarística...

Ainda que já houvesse um Pároco e os religiosos capuchinhos ali, acredito que ela quisesse alguém ligado à família. Alguém que tornasse vivo e presente o carisma de Carlo: Eucaristia, adoração ao Santíssimo, confissão, Terço... – tudo isso fizera parte da espiritualidade do jovem.

Tomei, enfim, a decisão. Em julho de 2019, fui à Itália novamente, em peregrinação, encontrei-me com Dona Antonia e lhe dei a resposta:

– Eu venho, Dona Antonia. Em 2020 eu venho.

De volta ao Brasil, procurei meu Bispo. Quando contei que estava cuidando dos trâmites da minha saída, Dona Antonia pulou de alegria:

– Vou ter um Padre na minha casa!

Ela começou a preparar tudo para minha chegada. Vibrava ao telefone. A felicidade por ter um sacerdote em sua casa era algo transcendente. Parecia que ela estava adivinhando tudo o que ia acontecer em 2020 – e não tínhamos a mínima certeza de que a beatificação ocorreria naquele ano!

Chegar à Itália, porém, não foi nada simples. Primeiro, havia o medo. «Meu Deus», pensei, «eu vou deixar a Catedral, a minha estabilidade...». Tudo o que tinha, tudo o que havia construído, o povo, as pessoas, a pastoral: tudo estava indo tão bem administrativamente! Foi um choque para os paroquianos quando fiz o anúncio, em 1º de dezembro. Mas, ao mesmo tempo, via em Dona Antonia uma segurança tão grande que me aquietava. «É! Tenho de ir». Nada daquilo tudo era por acaso.

Depois, tinha a burocracia. Meu visto não saía. Por três vezes busquei o consulado italiano. Cheguei

O PRIMEIRO ENCONTRO COM CARLO

a ir à embaixada da Itália em Brasília. Dona Antonia me telefonava todo dia. Eu lhe dizia:

– Dona Antonia, o visto não está dando certo...

– *Non ti preoccupare* – respondia-me –, *non ti preoccupare,* Padre Fábio.

Era sempre mesma expressão: «*Non ti preoccupare, va tutto bene*»... E, como o visto não saía, ela mesma pensou em uma solução:

– Venha, que aqui eu resolvo! – prometeu-me.

Como brasileiros podiam ficar na Itália como turistas por até três meses, ela disse que cuidaria de tudo quando eu já estivesse lá. Foi o que fiz, então – }mas muito apreensivo. Se não conseguisse o visto, teria de voltar ao Brasil depois de três meses para não complicar minha situação e ser impedido de entrar na Itália no futuro.

Em 5 de janeiro de 2020, entreguei a Catedral de Nossa Senhora da Candelária e segui rumo à Itália. Cheguei a Assis e fui morar na casa de Carlo. Dona Antonia não sabia o que fazer, tão alegre estava. Ciente de que gosto de andar de bicicleta, a primeira coisa que me deu de presente quando cheguei foi justamente uma.

Um mês depois, em fevereiro de 2020, o Papa Francisco autorizou a publicação do decreto da beatificação de Carlo Acutis. Só não havia ainda uma data para a cerimônia. E, de repente, o mundo ficou de cabeça para baixo.

3
A pandemia

Quando um filho está para vir, os pais arrumam a casa, preparam o ambiente e fazem a festa. Assim fui recebido na Itália: com festa. Quando saí do Brasil, estava apreensivo; havia renunciado à minha Paróquia, a toda uma estabilidade pastoral e financeira, e estava me lançando em algo novo, diferente, desconhecido. Estava deixando meu país! Embora já tivesse ido tantas vezes à Itália, nunca o fizera para morar, para viver a vida do dia a dia. Estava encarando um novo projeto, algo que eu não sabia bem o que era. Mas, ao mesmo tempo, pensava em todo o bem que poderia ser feito.

Oficialmente, eu estava num ano sabático: um ano de descanso em que os Padres, por exemplo, fazem algum curso e ficam completamente longe do cotidiano e da correria de uma Paróquia. Com doze anos de sacerdócio, coincidiram o convite de

Dona Antonia e esse ano de descanso, que me era de direito. Havia combinado com ela que eu estaria a serviço da Associação Carlo Acutis. Seu desejo, mais especificamente, era de que eu atendesse no Santuário do Despojamento, onde estava o corpo de Carlo. Ela imaginava um Padre sempre à disposição para atender às confissões, presidir a adoração ao Santíssimo e acolher os peregrinos que já estavam vindo com muita frequência. O diferencial é que ali estava o corpo de Carlo. Aquele santuário deveria se tornar uma referência eucarística, e era preciso haver um Padre disponível para que isso ocorresse.

O santuário tinha um Pároco, mas ele era religioso, estava em outras funções e não poderia se dedicar totalmente ao que Dona Antonia idealizava. Na Itália, a maioria dos santuários existe para as Missas, confissões etc., e ali isso estava faltando. Dona Antonia imaginava que eu pudesse ser útil dessa forma. Além disso, haveria a convivência com a família e o descanso. Isso ela bem frisava:

– Padre Fábio, descanse bem, relaxe bem, esse ano é para o senhor.

Quando desembarquei em Roma, um táxi me esperava com a babá dos meninos. Fomos para Assis e, lá chegando, fui direto àquela que era a primeira casa onde Carlo morou. Os Acutis têm duas. Quando a família cresceu, compraram uma residência maior, e a primeira casa ficou fechada. Foi

A PANDEMIA

a que eu escolhi para ser o local de minha estada. No resto do dia estávamos todos juntos. Tudo – as refeições, a Missa, a vida – acontecia na outra casa, a maior. Fiz da primeira, onde Carlo havia morado, meu «espaço sabático», porque era uma casa silenciosa ao lado da capelinha de *Santo Stefano* (Santo Estêvão). O meu quarto ficava ao lado do quarto do Carlo. Podia sentir sua presença todos os dias.

Por mais que fosse tudo novo, que meu trabalho ainda estivesse por começar, que eu ainda estivesse para ver como o caminho seria, a acolhida que recebi me deixou muito seguro para enfrentar o que viria. Não apenas pela festa, pelo almoço, pela bicicleta, mas porque Dona Antonia é aquela mãe que cuida dos detalhes e, a todo instante, reconforta os filhos.

– Padre Fábio, o que precisar, o que necessitar... eu estou aqui. *Non ti preoccupare*! Estou aqui para o que o senhor precisar.

Passados poucos dias da minha chegada, já se começou a falar do coronavírus. Era janeiro. Sabíamos que havia um vírus novo na China e que havia pessoas morrendo. Parecia algo distante, mas logo em fevereiro surgiu o primeiro caso na Itália, na Lombardia. Era a primeira confirmação oficial, mas na prática já existiam muitas pessoas contaminadas naquela região, uma vez que o Norte da Itália tem um fluxo muito grande de turistas, muitos deles chineses.

Com a confirmação dos primeiros casos na Itália, surgiu certa antipatia em relação aos chineses. O preconceito era declarado. O povo, quando via um chinês, praticamente saía correndo, pois já estava cristalizada a ideia de que a doença tinha vindo da China e os chineses eram os culpados. Houve até manifestações em que eles diziam: «Nós somos chineses, não somos o vírus!». Era um estereótipo caricato, mas foi terrível o que sofreram na Itália nesse início de pandemia.

A Itália entrou em alerta com a constatação do primeiro caso, mas num piscar de olhos já havia praticamente uma cidade toda contaminada no norte do país. Nesse meio tempo, em 21 de fevereiro, o Papa Francisco autorizou a beatificação de Carlo. Como Assis fica na região da Umbria, mais para o centro da Itália, ainda não havia casos de Covid-19 ali, e a ideia de um surto da doença ainda parecia distante. Imaginávamos que tudo ficaria restrito à Lombardia, pois o governo já havia decretado fechamento total, impedindo a passagem das pessoas para outras regiões.

No entanto, apareceu também um caso em Roma. Um casal chinês. Os focos começaram a aparecer: um aqui, outro ali... Quando nos demos conta, todas as regiões da Itália já tinham casos registrados, embora a maior gravidade ainda estivesse restrita às regiões do norte, especialmente à cidade de Bergamo. Tanto havia essa esperança de que

A PANDEMIA

o surto passasse logo que a primeira data cogitada para a beatificação de Carlo foi 23 de abril de 2020. O Bispo convocou a Diocese e anunciou oficialmente que ele seria beatificado na primavera (outono no Brasil). A data específica não foi divulgada – e isso foi providencial, porque logo depois veio o fechamento completo de todas as regiões da Itália. Era o primeiro país do Ocidente completamente contaminado pelo coronavírus.

A Itália foi a cobaia desta pandemia no mundo ocidental, pois não tínhamos clareza sobre o que acontecia na China. Sabíamos que havia pessoas morrendo, mas não havia outros elementos, já que é um país tão fechado em termos de informação. Entre o fim de fevereiro e o início de março deu-se um aumento imenso de contágios e mortes. Em 11 de março começou o *lockdown*. Foi uma situação de pânico, mas compreendo os italianos. Eles são nervosos, têm um temperamento sanguíneo.... São um povo que sempre passou por muitas guerras, que sempre esteve na retaguarda, sempre preparado para o combate, um povo que sofreu muito. As cidades principais e mais antigas têm muralhas, eram fortificadas, pois viveram sempre em guerra umas com as outras até a unificação. Perugia, atual capital da Umbria, um dia já guerreou com Assis, que faz parte hoje da mesma região. Digo isso para mostrar como esse é um povo que está sempre desconfiando de um ataque, como se estivesse sempre preparado para a guerra – e de repente estava mesmo, mas uma guerra contra um inimigo invisível, para o qual não havia estratégia. Ele chegara invisivelmente e começara a matar e destruir.

Grande parte da população italiana – uma porcentagem entre 40% e 50% – é idosa, realmente anciã, acima dos seus setenta anos. Essas foram as vítimas primeiras dessa guerra, os que sofreram com os primeiros bombardeios. E começaram a morrer – a morrer! Todos os dias eu assistia religiosamente ao boletim dado pela Proteção Civil. Ligava a televisão diariamente, já que depois do dia 11 de março restou-nos apenas estar dentro de casa sem poder sair. De repente, eu me via sem minha família, sem ninguém, longe de tudo. Tinha somente a família Acutis. Passamos a ser força um para o outro, mas ainda assim me doía estar longe da minha pátria.

Precisei buscar uma forma de não me sentir tão só e não deixar que a angústia, o medo e o pânico tomassem conta de mim. «Deus do Céu! O que é isso de "quarentena"?» De repente nos falavam em «quarentena»... Jamais exercitara tão bem esta palavra. Estávamos sem poder nos tocar, ainda que convivêssemos. O pai, Andrea, foi sempre muito preciso e cuidadoso: monitorava nosso distanciamento dentro de casa. Vivíamos na mesma residência, mas não havia mais toque, não havia mais aperto de mão, não havia mais nada. Tudo isso foi tirado dos

A PANDEMIA

italianos, que são um povo extremamente afetuoso no trato pessoal.

Dois funcionários da casa foram dispensados para ficar em casa. Uma pessoa em cada residência tinha autorização para sair e fazer as compras; ainda assim, a opção dos Acutis foi comprar tudo por meio de aplicativos. Os entregadores deixavam as compras na porta, uma empregada – que ficou conosco – pegava tudo, a cozinheira – uma filipina que também morava com a família – desinfetava os pacotes. Assim era a nossa vida. Quando terminava a Santa Missa, o almoço ou jantar, eu ia para a outra casa e ligava a televisão para ver o boletim do dia e me inteirar sobre a situação. A Itália parava para ouvir esse boletim.

Antes de chegar à Itália eu tinha decidido apagar meus perfis nas redes sociais. Queria um ano sabático de silêncio, longe de todos. Não queria dar notícias para ninguém do Brasil, tampouco da Diocese. Com a pandemia, porém, isso mudou. Comecei a me conectar pelas redes sociais e a fazer *lives*, mantendo, assim, algum contato com meu país. Muitos amigos, preocupados com as notícias que recebiam da Itália, me telefonavam:

– Padre, volte logo, venha embora, pelo amor de Deus!

– Não tem como o senhor vir, Padre?

Aquilo me angustiava.

39

– Gente – eu respondia –, a Itália fechou! Não tem como sair! Quem está aqui não pode sair e quem chega não pode entrar.

Foi exatamente isso: bloqueio total. Até mesmo quem não tinha visto e não deveria ter permissão para ficar no país teve de ser liberado, pois era impossível sair. As irregularidades jurídicas foram perdoadas todas. Eu mesmo estava sem o visto. Havia entrado com a possibilidade de ficar na Itália como turista por noventa dias e faria o processo do visto já no país. Quanto a isso, a pandemia me ajudou, porque fui dispensado para continuar tranquilamente na Itália.

Todo dia eu rezava:

– Que amanhã diminua.

No dia seguinte, porém, eram mais mortos.

– Meu Deus do Céu, o que é que está acontecendo?

Eram mais de mil mortos todos os dias. Os caminhões do Exército passavam com caixões. Corpos se enfileiravam dentro das igrejas, pois não havia lugar para colocá-los. Os cemitérios não tinham mais espaço, e os crematórios não estavam dando conta da demanda. Que dor! Que sofrimento! Com a iminência da morte, vimos que a vida era realmente algo sobre o qual não temos controle. Vimos que estávamos vulneráveis. Chegou o momento em que pensei: «Vou morrer. Vim para cá para morrer». E naquele dia comecei a chorar sozinho.

A PANDEMIA

Em busca de apoio, liguei para uma pessoa no Brasil, que me respondeu com essas exatas palavras:

– Ah, não liga não, isso é frescura sua. Quando morrer todo mundo, passa.

Busquei uma palavra de consolo de alguém em quem confiava e ouvi isso! Aquilo me matou por dentro. Se havia sido uma brincadeira, foi de péssimo gosto, porque a pessoa não sabia o que eu estava passando. É verdade que eu não demonstrava a dor, estava sempre sorrindo quando fazia as transmissões pelo Facebook, mas depois me voltava aquele pensamento: «Meu Deus do Céu, o que está acontecendo? Eu vim morrer aqui na Itália longe de todo mundo!». Estávamos todos nesse nível emocional. Parecia certo que todos contrairiam a doença, que estava sem controle. O país inteiro contando seus mortos. Na televisão, só se falava de coronavírus.

Em 27 de março o Papa Francisco concedeu uma bênção *urbi et orbi* extraordinária. Foi o dia mais triste da Itália. Pudemos ter noção do silêncio, do vazio que engolira o país. O único barulho que se ouvia era o das sirenes das ambulâncias. Naquele dia, a Itália foi consumida por uma grande tristeza, pois parecia que o papa estava nos dando os ritos finais. Eram as exéquias da Itália e do mundo. Claro que muitos, que víamos com os olhos da fé, sentimos a esperança de que tudo iria passar. Mas, humanamente, a sensação era de que nos aproximávamos do fim. Foi muito estranho. Havia uma sensação terrível de dor que rasgava por dentro.

Isso nos destruía psicologicamente. Para acrescentar, um frio de 5 graus abaixo de zero. Naquele mês de março, nevou. Em Assis, é raro nevar em março, mas a cidade ficou coberta de neve. Não podíamos desfrutar dessa beleza. Era tudo surreal, tão tenebroso que a única coisa em que pensávamos era que o frio ajudava o vírus a se propagar. Rezávamos para o tempo passar logo, pois diziam que ao verão o vírus não resistiria. Jamais imaginara, em toda a minha vida, passar por algo assim – aliás, quem imaginara? Mas eu estava lá, na Itália, no olho do furacão.

Todos os planos que tinham sido feitos não valiam mais nada. Tudo mudou, e eu estava sozinho. O que iria fazer? Precisava buscar outra forma de sobrevivência. Mas qual? A oração. O que eu rezaria? O Terço. Havia muito tempo que não o rezava. Como? Como eu não rezava aquela que era a oração preferida do Carlo? E foi essa devoção tão cara a Carlo Acutis que me salvou.

4
A internet

Poucos meses antes, tinha apagado todas as minhas mídias sociais ao me mudar do Brasil para a Itália. Agora, no meio da pandemia, via-me necessitado desse contato com as pessoas. Usei o meu perfil pessoal do Instagram para começar a rezar o Terço. Não demorou e apareceram trezentas pessoas acompanhando. Eu mal sabia usar o Instagram. Aprendi a fazer as transmissões ao vivo, chamei meu amigo Roberto e começamos a rezar o Terço em grupo. No início, éramos dez ou quinze.

No fim de março, tive um sonho revelador. Era como se eu estivesse em Assis, lá de cima, olhando para o vale – Assis fica na montanha, e da cidade temos a visão do vale todo lá embaixo. Eu olhava para o vale e o Carlo estava ao meu lado, sorrindo. Ele olhava para mim e era tão vivo, tão verdadeiro, tão único! Olhava para mim e sorria. Estendeu a mão para a frente e apontou para o vale, como se dissesse:

— Veja, Padre Fábio, lá adiante.

Olhando para a frente, vi que começaram a subir várias cabeças. De repente, todo aquele vale estava tomado de cabeças, todas ligadas umas às outras como em uma grande teia, uma grande rede. Carlo olhava para mim, sorria e acenava com a mão, mostrando aquela cena. Ele sorriu uma última vez e o sonho acabou.

No dia seguinte, durante a Missa, disse na homilia:

— Eu tenho um sonho para contar para vocês. Sonhei com o Carlo.

Na hora, Dona Antonia já sorriu. Depois, me diria:

— É um sinal, Padre Fábio!

Um sinal. Mas de quê?

Quando fomos para o almoço, continuamos a falar do sonho. Levantamo-nos, eu, Dona Antonia e Andrea, e olhamos para o vale — do jardim da casa dos Acutis era possível ver o vale. E eu contei:

— Dona Antonia, era isso aqui.

— É um sinal.

— Sinal do quê, Dona Antonia?

— Sinal de que o senhor tem de evangelizar pelas redes sociais.

— Não, Dona Antonia, pelo amor de Deus!

— É isso mesmo.

A INTERNET

A mãe do Carlo estava interpretando o sonho para mim! O Andrea confirmou, e os dois disseram:

– Padre Fábio, isso é um grande sinal, significa que o senhor tem um pastoreio aí.

Não podia ser! Acabara eu de apagar meus perfis nas redes sociais. Mas uma intuição dessas não se pode ignorar.

– Pense bem – pediu Dona Antonia, sendo, de costume, muito certeira, parecendo ter sido inspirada ali, como se fosse o filho que tivesse respondido.

Pois fui pensando mesmo, e resolvi criar «O Terço com Carlo Acutis». Decidi que não usaria meu perfil pessoal no Instagram. Em vez disso, faria algo independente. Rezamos, e combinei com meu amigo Roberto que rezaríamos todos os dias o Terço com o Carlo naquele perfil novo. Mas o título «O Terço com Carlo Acutis» não estava muito bom. Mudei para «Devotos de Carlo Acutis, Brasil», e começamos no dia 26 de março. Foi assim que esse apostolado nasceu, com a oração do Terço todos os dias às 18 horas do Brasil, tarde da noite na Itália. Ia dormir depois da meia-noite.

As pessoas começaram a se juntar a nós. Muitos devotos entravam no Instagram para nos seguir e rezar conosco. Abrimos uma conta no YouTube e outra no Facebook. De repente, já estávamos em três plataformas, e não tinha mais como fazer tudo sozinho. Montei uma equipe que gerenciava as contas na Itália. Com Roberto e mais três jovens, formamos um time para apresentar no YouTube programas ligados à espiritualidade de Carlo: «Milagres eucarísticos», «Espiritualidade mariana», «Meu amigo Carlo», com curiosidades sobre ele, e «Um momento vocacional». Criamos logomarca, vinhetas, um estilo próprio que se tornou o jeito de ser devoto de Carlo Acutis no Brasil.

Embora já existissem outras páginas no Brasil dedicadas ao Carlo, a nossa acabou se tornando relevante porque havia o trabalho junto à associação, que também começou a se inspirar no que estávamos fazendo. O modelo passou a ser replicado em outros países: havia «Devotos de Carlo Acutis da Colômbia», «Devotos de Carlo Acutis de Portugal»...

Tudo isso começou com aquele sonho interpretado por Dona Antonia. Cresceu com o protagonismo daqueles jovens que vieram trabalhar comigo e chegou ao seu auge na semana da beatificação do Carlo, em outubro de 2020. Um pouco antes, o número de seguidores aumentou muito. As pessoas estavam curiosas e queriam saber de tudo.

– Por que o senhor está aí?

– Por que foi o senhor e não outro?

– Conte mais, mostre a casa do Carlo, curiosidades sobre a vida dele!

Estando em Assis, pude passar uma experiência muito profunda para quem nos seguia. Eu mostrava a cidade no Instagram, fazia um momento

A INTERNET

de oração diante do túmulo do Carlo, transmitia a Santa Missa todos os domingos – afinal, no Brasil havia muitos locais sem Missa. Fazia *lives* com gente que nunca conheci pessoalmente e vivia o dia a dia da família Acutis, no berço de onde foi acolhida a santidade por Carlo. No fim, nosso trabalho com as mídias sociais tornou-se um ponto que agregava pessoas.

Por fim, Dona Antonia me deu mais uma sugestão:

– Padre Fábio, precisamos de um programa que fale, que entreviste, que vá para os jovens.

Assim nasceu o «@jovens.com Padre Fábio Vieira», e toda a estrutura me foi dada por Dona Antonia. Ela me pediu:

– Pense como você gostaria que fosse esse programa.

Respondi que precisaríamos de um cenário, e logo fomos a uma gráfica. Em uma semana estava tudo pronto. Este programa eu estreei no meu perfil pessoal, e continuo com ele até hoje.

É lógico que sempre desfruto do apoio daqueles que nunca me deixaram, de meus amigos do Brasil. Tenho as inspirações, coloco todos eles no fogo, e eles abraçam todas as ideias junto comigo, com fidelidade e empenho. Tenho tanto a agradecer ao Roberto e a muitos outros que me dão suporte quando o Carlo me chama – e esse garoto me chama para muita coisa!

Assim é a Providência divina. Daquele momento de pandemia nasceu esse apostolado: a partir de uma inspiração vinda de um sonho com o Carlo. Nos momentos mais difíceis, o Espírito Santo suscita algo e nos desafia a dar uma resposta. Quando mergulhei naquele novo projeto de evangelização – algo que jamais me havia passado pela cabeça quando cheguei a Assis, e que me rendeu trabalho em dobro, praticamente o contrário do que eu havia planejado para aquele ano sabático –, sumiram a angústia e o medo da morte que a pandemia me trouxera.

Hoje, olhando tudo isso de longe, vejo como tudo estava encaixado, tudo preparado – desde as dificuldades iniciais para chegar à Itália. Meu projeto pessoal era um; de repente, tudo mudou. Quem conduz isso? Quem nos escolhe? O Divino Espírito Santo e o meu amigo Carlo. Hoje não tenho mais dúvidas de que, sim, Carlo me escolheu, porque agora sou capaz de fazer a leitura completa. Eu merecia tudo isso? Só Deus pode dizer, mas Ele me escolheu e eu respondi. Quantas vezes me sentei ali na cama do Carlo e pedi ajuda nos piores momentos da pandemia. A Eucaristia foi o centro da nossa vida todos os dias. A Itália inteira estava sem Missa, mas a família do Carlo não. Um dia no almoço, Dona Antonia disse:

– Foi Carlo. Vocês já pararam para pensar que o mundo todo ficou sem Missa e a família do futuro beato, do futuro santo da Igreja, não ficou sem Missa um dia? De repente o Carlo trouxe um Padre lá do Brasil e o colocou dentro da casa dele, para dar a Eucaristia à sua família!

Existe resposta racional para isso? Foi Carlo. Esse menino ama muito a família, ama muito os sacerdotes e me escolheu nesse ano difícil, diferente de tudo o que nossa geração já viveu, para me colocar num Céu particular, pois posso dizer para todos que em cada um daquela família eu via o reflexo da santidade do Carlo.

E por isso foi tão comovente o dia em que estávamos lá, tomando algo, e Dona Antonia disse:

– Padre Fábio, o senhor faz parte da família.

Muitas vezes me perguntavam o que eu queria comer no dia seguinte, e bastava eu dizer o que eu quisesse e aparecia. O Andrea, o pai, até começou a brincar:

– Quem quiser comer alguma coisa diferente, peça para o Padre Fábio dizer e nós teremos, porque a Antonia providencia. A *mamma* do Carlo providencia tudo para o Padre Fábio!

E Dona Antonia entrava na brincadeira:

– *Ma*, Andrea, lógico, ele é meu protegido! É um sacerdote, um sacerdote!

E eu completava:

– Andrea, fique tranquilo, você é o vice-Pároco e vai usufruir daquilo que eu comer.

De fato, brincávamos que aquela era a Paróquia Acutis: eu era o Pároco, Andrea era o vice, Michele era o coroinha, Francesca era a leitora e Dona Antonia era a *vescova*, a «bispa».

Claro que não tínhamos a menor intenção de fazer graça com as coisas sagradas ou com a organização da Igreja. Queríamos apenas viver e fortalecer uns aos outros naquele tempo difícil de pandemia. Rezávamos, ríamos, discutíamos muitos assuntos, às vezes emendávamos o almoço com discussões teológicas que iam até às quatro ou às cinco da tarde. Eu voltava para casa fortalecido. À noite, quando todos os outros já estavam dormindo, eu rezava o Santo Terço com todo o Brasil.

Fizemos todo esse trabalho com a mãe do Carlo nos apoiando incondicionalmente. Com isso, a divulgação da vida do Carlo cresceu e animou outras pessoas, que também eram devotas. Tinham suas páginas. Alguns que já faziam algo, por sempre terem gostado do Carlo, se achavam menosprezados. Fomos inspiração, mas não mais que isso. Preciso deixar muito claro: o Carlo não é meu, ele é da Igreja. Não é propriedade de ninguém, nem mesmo da família. Foi muito bonito quando o Andrea disse:

– O Carlo não é nosso. O Carlo é da Igreja!

Ele continuará inspirando muitas pessoas a realizarem tantas coisas... Deus me livre de sentir ciúmes ou inveja se alguém realizar outros lindos trabalhos de divulgação, porque – repito quantas vezes for preciso – Carlo não é meu. Sempre fui coadjuvante, inclusive, no trabalho prático de divulgação, pois

A INTERNET

tínhamos no Brasil o vice-postulador da causa, que era quem de direito fazia tudo. Ajudei-o em muitos momentos, mas nunca tive a pretensão de ser o primeiro, nem de estar à frente. Carlo me escolheu para contribuir, e não para ser dono. A experiência da pandemia e desse trabalho pela internet me transformou demais. Existencialmente, não sou mais o mesmo. Percebi muitas coisas, até para a maturidade da minha fé. Como está escrito no Eclesiastes, para tudo há um tempo. Um dia eu era Pároco da Catedral, ia tudo muito bem, não tinha a menor pretensão de sair. Depois, estava na Europa, no epicentro de uma pandemia, evangelizando pela internet e levando a mensagem do Carlo a uma imensidão de gente. Daquela inspiração já vieram muitos frutos de santidade desse jovem. Eu só fui utilizado para isso. Foi assim – e foi Carlo.

5
A família Acutis: os irmãos

Carlo era filho único. Falecera em 2006. Quatro anos depois, a família Acutis foi agraciada com a chegada dos gêmeos Francesca e Michele.

Mas, antes de escrever sobre eles, há um detalhe muito importante sobre Dona Antonia, a mãe. Luana, a avó de Carlo, não engravidava, apesar de ter procurado ajuda médica, de fazer tratamentos. Ela passou a dizer que se contentaria em ter um cachorro, porque filhos não teria. Estava se acostumando com a ideia. Mas foi nessa hora que a gravidez a surpreendeu.

– Antonia nasce de um milagre, porque teoricamente eu não podia também ter filhos – disse Luana.

Antonia também foi filha única.

Carlo morrera aos 15 anos. Àquela altura, naturalmente, Dona Antônia tinha dificuldade de engravidar. Quatro anos depois, porém, já com 43 anos, engravida, e – que presente! – de gêmeos. Sobre isso, ela é muito categórica:

– O primeiro milagre do meu filho foi a graça de poder ter filhos novamente. Carlo se foi, mas mandou dois para preencher seu lugar na casa, na família, no nosso coração.

E o que dizer dos dois? Eu os conheço desde que tinham três anos. Agora que escrevo este relato, já têm dez. São de 19 de agosto de 2010. Tiveram uma criação um tanto quanto diferente daquela que Carlo tivera. Quando nascem, já existia um irmão com fama de santidade. Mas a disciplina com que foram educados é a mesma daquela de Carlo, ainda que com outros tipos de recursos. Afinal, o primogênito sempre é a cobaia do pai e da mãe: todo aquele medo de errar, de não saber como lidar com a criança, recai sobre o primeiro filho.

Os gêmeos chegaram cercados de uma estrutura completa, inclusive no que diz respeito à segurança, para que não se repetisse a experiência que ocorrera com o Carlo, a morte inesperada causada por uma doença que ninguém na família havia tido. Perguntei, inclusive, a Dona Antonia se as crianças tinham feito exames para identificar alguma predisposição, algum fator genético etc. Felizmente, os resultados foram negativos – isso, aliás, comprova ainda mais que Carlo foi escolhido, que a morte prematura fizera parte do seu caminho de santidade.

A FAMÍLIA ACUTIS: OS IRMÃOS

Michele (Miguel, em português) é o típico italianinho: gosta de comer, *mangia bene*, e tem uma personalidade muito semelhante à de Dona Antonia. Tem uma inteligência singular e uma memória prodigiosa, algo que jamais vi em uma criança de dez anos. Vibra quando ganha presentes, mas vibra ainda mais quando vê que ganhou livros. Ama ler, especialmente a vida dos santos. É lindo vê-lo falando da vida dos santos e de história, que ele também conhece muito bem – da Igreja, da Itália, bem como história geral. Pergunte-lhe algo e ele faz uma pausa de um segundo, põe o dedinho na frente do rosto, olha para cima, e começa a falar. E, enquanto fala, anda. É impressionante! Tem certa hiperatividade. Chegamos a dizer que o Michele é meio desordenado: se não toma cuidado, ou ele cai ou derruba tudo por onde passa. A cada dez passos, de repente cai, porque parece andar nas nuvens. É interessante conversar com ele, pois você sempre tem a impressão de que ele está mentalizando algo, como um computador que fica carregando algo da memória, puxando do inconsciente. Assim é: ele olha pra com quem fala, mas não está realmente olhando, mas tirando do inconsciente, buscando lá no armazenamento da «memória RAM» uma informação precisa.

Michele é aquele garoto que gosta de estudar. É aquela criança que não deixa de ser criança, pois tem as características da criança. Ao mesmo tempo, é de uma maturidade que está além do que esperaríamos de alguém de sua idade. Percebe-se pela compreensão que tem das coisas, pela visão de mundo. Se entramos em qualquer tipo de assunto, eles são capazes de opinar – não só o Michele, a Francesca também. Estão atentos a todas as situações. É claro que uma inteligência dessas tem de ser bem alimentada. O acervo de livros que esse menino tem e lê é impressionante. Ademais, como é apegado a suas coisas! Gosta de ter seus livros, suas coisinhas – uma coleção de santos, de santinhos, jogos de vida de santos... Se alguém pega um dos seus livros, tem de devolver na hora, porque ele não dá e não empresta. É próprio das crianças. Mas, mesmo ciumento, Michele é generoso demais quando se trata de compartilhar seu conhecimento. Eu o apelidei de Doutor da Vida dos Santos.

Michele também é extrovertido. Tem seu lado cômico. Se o deixarmos, faz graça e gosta de contar piadas. Ele diz que vai ser Padre, mas acho que é mais uma de suas brincadeiras, pois garante que será dominicano:

– Michele, vai ser Padre?

– Sim, dominicano.

– Mas por que dominicano, Michele?

– Porque os dominicanos comem muito bem, a mesa dos dominicanos é muito farta!

E lembra que, quando foram jantar na casa dos dominicanos, havia primeiro prato, segundo prato, terceiro prato, várias opções de comida...

A FAMÍLIA ACUTIS: OS IRMÃOS

De fato, se tem uma coisa que deixa Michele feliz é a hora das refeições – tanto que tem de ser extremamente controlado pelo pai para não engordar. Mas é uma graça, esse italianinho!

E Francesca? Olhamos para o pai e vemos Francesca. Ela tem todas as características inglesas, uma *lady*, uma criança criada nos moldes ingleses. É racional e precisa sem ser fria. Afetiva, mas extremamente prudente e observadora. Enquanto está conversando, já está atenta a tudo o que está se passando ao redor. Quem pensa que não está prestando atenção e inicia um outro assunto se surpreende, pois ela vai entrar e falar objetivamente.

Michele, quando vai contar alguma coisa, é o típico italiano: subjetivo, faz toda uma série de alegorias, fantasias, floreios, um romantismo todo para dizer que aquela basílica tem uma obra de arte. Para contar como um vinho foi feito, vai explicar até a origem da uva, como ela nasceu, o que tem dentro dela, suas propriedades. Francesca não tem nada disso. Com ela, um mais um é dois e ponto final. Não tem mais o que dizer. É matemática. Vejo nela as características de alguém que, por causa dessa racionalidade, poderá, mais adiante, assumir o lugar do pai na empresa. Muitas vezes eu dizia que Francesca seria uma grande administradora, mas ela responde:

– *Io no!*

E, se o Michele tem dez anos, mas é o bebê, Francesca está além. Ela é, para ele, a segurança em muitas coisas. Um não faz nada sem o outro, mas Michele precisa mais da Francesca, pois ela é mais racional, tem uma visão muito mais completa de certas coisas. Posiciona-se melhor, cerca melhor, é precisa. O que Michele tem de subjetividade, Francesca tem de objetividade. A personalidade dela se assemelha à do pai, do disciplinador, da pessoa mais prudente, que vai questionar antes de fazer qualquer coisa. Ela vai se perguntar se pode, se deve, se é assim mesmo. Francesca não é enganada facilmente.

Dona Antonia quer muito que ambos sejam religiosos. Esta é uma escolha que terão de fazer no futuro. Mas eu não imagino Francesca casada, confesso. Ela terá de encontrar um tremendo marido, se for o caso! É uma menina «pé no chão», mas também, como diz o pai, «tem muitos caprichos».

Mesmo sendo uma menina objetiva, racional, de um temperamento forte, há uma característica muito bonita na Francesca que não é tão forte no Michele. Ele, como contei, é mais ciumento e mais dependente – o que às vezes até é próprio do homem: um gostar de sentir segurança na mãe, um gostar que a irmã faça as coisas. Já Francesca é extremamente generosa. É capaz de dar a própria roupa para ajudar. Se Michele é apegado, Francesca é extremamente desapegada.

Os dois são uma só carne, donos de temperamentos completamente diferentes, mas complementares! São tão ligados que – e isso também é típico de irmãos –, se se dá algo a um, tem de dar ao outro também, do contrário haverá um grande problema. Por isso, quando fiz a investidura de Michele como coroinha, fiz também a investidura de Francesca como leitora. Eles já tinham brigado por causa de leituras na Missa. Michele gosta de estabilidade e, durante a semana, sempre fazia a primeira leitura, enquanto Francesca lia o Salmo. Aos domingos, quando há duas leituras na Missa, Francesca e o pai se revezavam: um fazia o Salmo e o outro, a segunda leitura, enquanto Michele não renunciava à primeira.

Um dia, porém, Francesca disse que queria fazer a primeira leitura:

– Por que só Michele?

Deu briga, uma briga tão bonitinha! Mas o pai se irritou:

– Parem, parem!

Depois pensei que, enquanto tantas crianças por aí brigam por coisas fúteis e inúteis, os dois estão «disputando» para fazer a primeira leitura da palavra de Deus. Quando havia disputa entre eles, era para puxar o Terço, fazer a primeira, a segunda leitura, o Salmo... Que lindo é isso! Eu me perguntava se essas crianças eram de verdade, e o fato é que, sim, são de verdade.

Eles têm uma estrutura que favorece seu desenvolvimento religioso e intelectual. Ambos falam o inglês perfeitamente, como se fosse a língua-mãe, desde os dois anos. A babá que vive com eles é inglesa, veio direto de Londres e não fala italiano. Praticam o inglês o dia todo, mudando para o italiano só quando a babá não está presente. Com a outra babá, que é mexicana, eles praticam o espanhol. Transitam entre três idiomas com muita naturalidade. Brigam – na Itália, é modo de dizer, claro – em inglês, em espanhol e em italiano. Sabemos que a língua ficou «registrada» quando somos capazes de brigar naquele idioma, quando o sangue ferve. Além disso, eles estudam também japonês e chinês.

O dia dos dois é carregado de compromissos com os estudos. Andrea e Dona Antonia não lhes dão folga. Mas eles amam estudar, não são preguiçosos para o estudo. É claro que, como toda criança, também não veem a hora de entrar de férias – dão graças a Deus por ficarem sem lição. Com a pandemia e o consequente estudo em casa, às vezes havia muitos deveres para fazer. Lembro-me de uma ocasião em que Francesca chorava muitíssimo, pois não conseguira terminar as tarefas do dia: eles são muito exigentes consigo mesmos, a lição não pode ser deixada para o dia seguinte. Para tentar consolá-la, eu disse:

– Você faz amanhã.

– Não – respondeu-me –, porque tinha de fazer hoje.

A FAMÍLIA ACUTIS: OS IRMÃOS

Eles cultivam esse enorme senso de responsabilidade. Não querem deixar nada para o dia seguinte.

E quanto aos momentos de brincadeira? Têm jogos, filmes, uma videoteca de vida de santos – é o que eles mais assistem. Não há tempo ocioso para os dois. São disciplinados, têm hora para dormir, hora para isso, hora para aquilo... mas acolhem tudo com muito carinho. Logicamente, sendo crianças, há birras próprias da idade. Andrea é um pai rígido, mas eles não se ressentem. Pelo contrário, veem nele uma referência. Fazem as coisas perguntando-se:

– Será que meu pai vai gostar? Meu pai ficará contente?

Trata-se da bela mentalidade de devolver o que recebem dos pais, produzindo e dando gosto a eles.

Francesca e Michele fazem uma bela síntese daquilo que encontramos no Carlo. Os dois vivem a espiritualidade do irmão. Para eles, ser irmão do Carlo é motivo de orgulho, mas não deixam de ter vida própria. Precisam disso, de viver a vida deles, tanto que não são expostos a fotos, nem dão entrevistas, justamente para não haver cobrança ou fanatismo. O italiano é muito semelhante ao brasileiro: há certo fanatismo pelas coisas, e facilmente criamos situações de histeria com relação àquilo que temos como ídolo, exemplo ou desejo de consumo. Por exemplo, os irmãos de Carlo não são obrigados a ser como Carlo, mas as pessoas automaticamente dizem:

– Os irmãozinhos do Carlo são santinhos?

Devemos ter calma! Não é exatamente assim. São crianças que estão em desenvolvimento, que têm um seio familiar e já nascem tendo como referência um irmão que é santo. E o jeito de ser deles é belo. Foram criados para terem equilíbrio e em nenhum momento se sentirem inferiorizados em relação ao falecido irmão. O que Carlo teve, eles tiveram – e têm muito mais –, mas o mais bonito de tudo é que acolhem a santidade do irmão de uma forma muito livre, sem imposição, com naturalidade.

No fundo, são crianças normais. Não há cobrança exagerada por parte dos pais nem de ninguém. Ouve-se, é verdade, que «os irmãozinhos do Carlo devem ser como o Carlo», pede-se para tocá-los – «são relíquias», dizem. Mas vivem uma vida própria: vão à escola como as outras crianças, têm seus amiguinhos... São o que são. Carlo os inspirou, deixou-lhes essa herança, e eles a acolheram de forma muito livre, sendo eles próprios.

O que eu vejo do Carlo em cada um? No Michele há essa alegria, esse sorriso fácil, o «jeitão» italiano de ser que é igual ao da mãe, bem como a forma cômica de deixar as coisas agradáveis – porque Michele chega e a cada três palavras nos faz sorrir. Essas características predominantes também são do Carlo, sem contar que tem uma semelhança física muito grande com o irmão. Em Francesca, por outro lado, vejo a generosidade e a gentileza que Carlo também tinha. Muitas vezes, eu terminava o almoço e ela dizia:

– Padre Fábio, *caffè, cioccolato?*

Francesca tem a delicadeza de acolher, de antecipar as necessidades, de ser sensível, e Dona Antonia sempre a elogia:

– *Bambina di mamma, bambina di mamma...*

Os dois fazem uma síntese de algumas características que Carlo tinha. Cada um tem uma coisinha do mais velho, daquilo que sabemos e conhecemos do Carlo. É como se ele estivesse dizendo:

– *Mamma*, cheguei para a senhora em dose dupla. Aqui está um pouquinho de mim em cada um.

É belo ver os irmãos. Michele é como Carlo no sentido de ler a vida dos santos – Francesca também lê, claro, mas isso sobressai mais em Michele. Eu nunca tinha convivido com duas crianças com essa formação. Fizeram a primeira comunhão aos cinco anos de idade, antes mesmo da idade com que Carlo a fizera, e já estão se preparando agora para receber o Crisma, assim que passar a pandemia. Mas já são dois grandes conhecedores da doutrina. Ainda assim, não deixam, por um minuto sequer, de serem crianças.

O mais inspirador destes irmãos está em que nos mostram que, para vivermos uma espiritualidade, para sermos plenamente católicos, para encontrarmos alegria em nossa fé, não precisamos deixar de ser nós mesmos. Basta conjugar tudo isso na própria vida e ter disciplina. Francesca e Michele são disciplinados, e a disciplina nos ajuda a ter perseverança e a percorrer o caminho com fidelidade. Sem disciplina nós nos perdemos. Os irmãos têm a Missa e o Terço todos os dias, leem a vida dos santos e vivem dela, procuram ler sobre as coisas da Igreja – tudo isso sem deixar de ir à escola, de estudar os conteúdos escolares, de brincar e jogar, de estar com os amigos. Ninguém precisa estar isolado dentro de uma jaula para receber tudo aquilo que leva à santidade. Não! A santidade só virá como veio para o Carlo se for assim.

Eu me pergunto: o que será da Francesca? O que será do Michele? Imagino que as pessoas pensam que «serão santos como o irmão», mas não! Santo daquele jeito era o irmão, que deixa para eles uma possibilidade, um caminho. Cada um se santifica de uma forma, e eles estão se santificando à maneira deles, como o resto da família, como cada um de nós. Mas é belo ver que esses gêmeos foram um grande presente dos Céus para a família Acutis, nascidos de um milagre que não podemos deixar de considerar como tendo, certamente, uma mãozinha do Carlo. De fato, foi Carlo.

6

A família Acutis: Andrea, o pai

Encontrei Andrea Acutis, o pai de Carlo, pela primeira vez em 2013, se não me falha a memória. A convite de Dona Antonia, tínhamos ido a Milão, eu e o então vice-postulador da causa de beatificação do Carlo no Brasil. Era, de certo modo, bastante conveniente que nosso voo pousasse em terras milanesas, onde Carlo havia morado. Assim teríamos a chance de conhecer locais importantes da vida dele antes de irmos a Assis. Aterrissamos e fomos acolhidos pelo Rajesh, o doméstico da casa, que também chegou a cuidar do Carlo e continua até hoje com a família. Ele nos levou às escolas onde Carlo estudara, o Santa Marcelina e o Leão XIII; fomos à igreja que Carlo frequentava; e à casa da família em Milão. Conhecemos tudo. O combinado era que fôssemos para Assis com o Andrea. Os Acutis moram em Assis, mas ele continua trabalhando em Milão. Costuma ir para lá na segunda-feira e volta na quinta, sempre de trem. Faríamos com ele esse trajeto. No entanto, durante nossos passeios em Milão, não chegamos a encontrá-lo. Nem sequer tinha eu visto uma foto sua.

Na minha primeira noite em Milão, tive um sonho. Em todo esse tempo, sonhei com o Carlo duas vezes. Uma delas, que foi na realidade a segunda, eu já narrei neste livro: foi o sonho das cabeças interligadas no vale. Naquele primeiro, em Milão, Carlo me descrevia seu pai, tanto fisicamente como em termos de temperamento. Falou-me também de sua mãe, porque ainda não a conhecíamos muito bem. Ao acordar, comentei sobre o sonho com o Padre que estava comigo.

– Puxa, mas o Carlo nem para aparecer no meu sonho! Foi aparecer justo no seu! –brincou ele.

– Eu sou louco para sonhar com o Carlo – acrescentou o outro sacerdote –, e até hoje nada.

Expliquei, então, que o Carlo havia me descrito o pai, mostrando-o quase que como numa imagem: alto, magro, branco, bem sereno. Carlo havia citado todas as características de Andrea.

No dia marcado, fomos à estação de trem para nos encontrarmos com Andrea e irmos para Assis. Entramos no vagão, nos sentamos e, de repente, chega alguém idêntico ao homem que me fora descrito no sonho.

– Minha Virgem Maria! – exclamei.

A FAMÍLIA ACUTIS: ANDREA, O PAI

Eu já havia repetido ao outro Padre a descrição que Carlo me havia feito no sonho. Quando Andrea entrou no trem, olhamos um para o outro com uma expressão de espanto. Nossa viagem de trem até Assis foi deliciosa. Passamos o tempo todo conversando com Andrea. Já chegando, fomos recebidos com festa por Dona Antonia e ficamos lá por três dias antes de irmos a San Giovanni Rotondo, terra do Padre Pio, e seguirmos com nossa viagem. Esse foi nosso primeiro contato com o pai do Carlo. Nas minhas viagens subsequentes – antes de eu me mudar para a Itália –, sempre foi Dona Antonia quem se encarregava de nos acolher, mas eu buscava momentos para conversar mais tranquilamente com Andrea – encontros, jantares, almoços etc. Assim começou minha amizade com ele, e neste ano de convivência mais intensa pude beber do seu conhecimento e de sua espiritualidade.

Se já falei da inteligência dos gêmeos Francesca e Michele, digo que eles tiveram a quem puxar. Andrea tem uma sabedoria impressionante. É um teólogo! Lê muito – não é surpreendente que os gêmeos e Carlo também fossem apaixonados por livros. É um homem do silêncio e equilíbrio, lógico, racional e matemático. Nem poderia ser muito diferente, pois a matemática é seu campo de trabalho: sua empresa é voltada para isso.

Toda essa precisão se reflete também nas nossas conversas. Quando estamos à mesa, conversando, e surgem certos assuntos, ou logo que terminava a Santa Missa, ele sempre tinha um comentário sobre o Evangelho:

– Padre Fábio, não lhe parece que isso seja assim...

Eram comentários complementares, advindos de uma visão teológica bastante purificada e embasada na doutrina. Andrea é tão racional, objetivo, claro e preciso na esfera teológica que, depois de uma conversa com ele, sai-se sem nenhuma dúvida. Depois que todas as emoções pulsam, ele dá a palavra final, e sempre se trata de uma palavra de inteligência. E diz tudo com uma enorme serenidade! Ele é manso, tem uma voz suave, não se altera, e até por isso é ainda mais agradável dialogar com ele. Para um bom conhecedor de doutrina, uma conversa com Andrea é um enorme prazer.

Mesmo assim, ele é extremamente modesto. Se alguém o parabeniza, ele responde:

– Não, eu ainda não sei nada.

Alguém haverá de me perguntar se o Andrea fez teologia. Não, mas lê muito e tem um vasto conhecimento. Não é de falar em público, mas quando fala nós vamos desfrutando de sua sabedoria: abre e fecha as portas, não deixa pontas soltas – nenhuma brecha para o demônio, pois Andrea lhe bate a porta na cara. Ele se prende ao essencial, e isso repercute em toda a família. As crianças o percebem, e Carlo certamente também o percebeu.

Eu o apelidei de «monge», pois é um homem mais do silêncio, da oração. Falava na hora certa e, quando falava, era preciso: não dizia qualquer coisa. De sua boca não saíam bobagens. Antes que se tomasse qualquer decisão, era ele o consultado. A *nonna*, a tia, sempre pediam:

– Ouçamos o que Andrea tem a dizer.

E não apenas sobre assuntos da Igreja! Lembro-me de uma ocasião em que haveria um referendo para reduzir o número de parlamentares na Itália. A família estava discutindo sobre como votar.

– Primeiro vamos ouvir o que Andrea acha.

A palavra dele é importante. Andrea ajuda quem tem dúvidas sobre algum tipo de assunto a chegar imediatamente ao foco e a tomar uma decisão.

E ele alia essa racionalidade a uma sensibilidade profunda. Muitas vezes temos a imagem da pessoa racional como alguém sem sentimentos. Isso não é verdade; essas pessoas têm sentimentos – verdadeiramente os têm! No entanto, eles estão muito ordenados. Você não verá o Andrea chorando pelos cantos, se lamuriando. Ele facilmente racionaliza as situações, e é por isso que sempre o vemos como alguém equilibrado. Andrea é a razão da casa, mas também tem um orgulho profundo de ter um filho beato – só não o demonstra isso sentimentalmente. Como, então, manifesta sua felicidade por ter o Carlo como filho, a alegria por Carlo ser quem ele é? Preservando tudo o que o filho foi e o que o filho representa. Andrea carrega isso dentro de si como um grande presente, mas sempre diz:

– Carlo é da Igreja. Carlo é um bem para a Igreja.

Recordo que, em uma rara ocasião em que falou em público, por ocasião da beatificação, deu um testemunho assim:

– Carlo não era uma pessoa dividida. Carlo não tinha dúvida nas coisas que fazia. Ele fazia bem o que precisava ser feito. Era um bom aluno, um bom filho, um bom neto. Carlo era preciso e total, pleno em tudo o que fazia. Não era dividido, porque sabia o que queria.

Essa característica ele herdou do pai. Tinha a emoção mais aflorada, é certo, mas o gosto pela oração, o silêncio – penso eu –, Carlo pegou muito de Andrea.

Como disse mais acima, apelidei Andrea de «monge», *nostro monaco*. Pense no estereótipo que fazemos do monge. Andrea é o homem do silêncio. Antes da Missa, eu sempre era o primeiro a chegar e podia ter certeza de que logo depois viria o Andrea. Meia hora antes de começar, ele chegava e ficava num silêncio profundo. Só depois vinham as crianças e o resto da família. Ele preparava as galhetas, colocava as hóstias, as alfaias, deixava tudo pronto – além de «monge», eu o chamava também de «vice-Pároco» – e ficava na capela em silêncio. Da mesma forma à noite, antes do Rosário: vinha antes de todos. É um homem que gosta de rezar e gosta do silêncio. Se algo precisa ser feito fora de casa e Dona Antonia puder ir, é ela quem vai, enquanto ele prefere ficar. Dona Antonia é mais expansiva. Nisso eu vejo como os dois se completam. Na época da beatificação, Dona Antonia era chamada por todas as televisões do planeta, dava entrevistas, não parava. Enquanto tudo isso acontecia, onde estava Andrea? Rezando! Um dia Dona Antonia saiu e me pediu a bênção, em plena pandemia.

– Deus abençoe a senhora. Deus a abençoe, e que a senhora não seja contaminada. Nós vamos ficar...

– Ficaremos rezando – emendou Andrea.

Enquanto Dona Antonia vai, ele fica na retaguarda. Todo o suporte para que ela faça o que faz vem do marido. No trabalho para a beatificação, nos bastidores, na retaguarda, quem está lá é Andrea. Ele jamais vai aparecer, mas proporciona segurança para que tudo saia a contento.

E com os filhos?

Parabenizei-o uma vez, dizendo:

– Parabéns, Andrea, pelo pai que você é.

Ele preza muito pela disciplina, herança de sua formação inglesa, e exerce um papel muito forte de educador em casa. É disciplinador sem ser durão. Está sempre presente, e é bonito ver sua relação com os gêmeos. Eles sempre o consultam, e têm o pai como a referência que vai «colocar os pingos nos "is"». Andrea tem essa aura de educador nato.

Às vezes brincávamos, à mesa, que Andrea poderia muito bem ser um excelente reitor de seminário, porque é o pai que acolhe, mas também disciplina. É muito verdadeiro com os filhos. O que, em sua concepção, for infrutífero, ele descarta. Sua concepção está embasada na fé e no amor, e por isso as crianças não terão acesso a certas coisas consideradas pouco importantes ou relevantes para sua formação. Por exemplo, Andrea não acha necessário – e, é lógico, tem nisso o apoio da família – que as crianças tenham celulares ou perfis em redes sociais. O próprio Andrea, a propósito, não usa essas mídias.

Em suma, Andrea é um autêntico *capo* de família. Como fazem falta, nos dias de hoje, pais que rezam junto com os filhos, que têm a palavra não como um ditame absoluto, mas como algo que vai clarear, que vai dar norte! É isso mesmo o que Andrea faz: dá segurança aos seus. Sente-se seguro quem está a seu lado, pois ele vai dizer o que você precisa ouvir. É uma segurança diferente daquela que vem de Dona Antonia: ela é protetora, ninguém toca naquilo que ela ama; ela é um pulso de emoção. A segurança que vem do Andrea é a racional. Isso mostra como a família é equilibrada: o racional, de mãos dadas com o emocional, faz com que as coisas caminhem num equilíbrio linear.

Quantos frutos positivos vêm de uma personalidade assim, que pensa antes de agir! Pois Andrea, acima de tudo, é um homem prudente. Se há al-

A FAMÍLIA ACUTIS: ANDREA, O PAI

guém que jamais dará um passo maior que as pernas, é ele. Sempre fará um diagnóstico, avaliará se pode avançar ou não, refletindo à luz da fé, do Evangelho, da doutrina da Igreja. Pode ser crítico em muitas coisas, tem suas limitações e defeitos como todo ser humano, mas acima de tudo é um católico de verdade, que ama. E por que ama tanto a Igreja? Porque a conhece – e cada vez mais me convenço de que só podemos amar o que conhecemos. Andrea mostra isso claramente: um homem que se confessa com frequência e faz da Eucaristia o centro da sua vida, que vive a espiritualidade do filho com a perseverança própria de um homem racional e equilibrado...

Mas nem sempre Andrea foi esse homem que lê muito, um autêntico conhecedor da doutrina da Igreja. Ele não era assim. Por isso volto a repetir: «Foi Carlo». Porque o filho foi responsável por uma grande mudança na vida do pai. Quando dizem que «santo de casa não faz milagre», não é verdade. Faz milagre, sim. Carlo fez milagres primeiro na sua própria casa, transformando a vida de cada um de seus familiares. Também Andrea passou por esse processo de poda e de crescimento até se tornar esse homem de muita fé, do silêncio, da oração e da prudência, que vive o carisma do filho.

7
A família Acutis:
Dona Antonia, a mãe

Estamos no centro deste relato. Chegou o momento de falar de Dona Antonia, a mãe de Carlo. Pensando bem, ela é justamente o centro de todo esse processo, desse trabalho, dessa devoção que envolve seu filho. Falar dela me dá enorme alegria. O leitor já deve ter percebido que ela tem sido uma presença constante desde que iniciamos esta jornada. Depois de sete anos conhecendo Dona Antonia, posso dizer que a palavra que a define é «generosidade». Isso percebi – e percebo – nela desde o primeiro momento. Trata-se de uma generosidade que vai além daquelas pequenas manifestações que muitas vezes somos incapazes de perceber: como mulher, católica a mãe do bem-aventurado Carlo Acutis, sua generosidade revela o que verdadeiramente foi a espiritualidade de seu filho. Quantas vezes Dona Antonia não deixava tudo de lado para atender a uma ligação de alguém que pedia orações? Ela tem a sensibilidade de transferir para si situações externas e busca soluções para elas de uma forma muito caridosa e generosa. Se alguém lhe pedir algo ou relatar uma necessidade, jamais a verá de braços cruzados: estará sempre pronta para ajudar. Também Carlo era assim: antes que a pessoa pedisse, já antecipava a necessidade e vinha com tudo pronto.

Dona Antonia não é apenas mãe: é mãe *italiana*. Sem medo de entrarmos no estereótipo, ela tem a personalidade típica da mulher que nasce na Itália: afetuosa, amorosa, sanguínea, imediata e apaixonada. Sintetiza tudo aquilo que se percebe como próprio das mães. Dona Antonia abraça as coisas como se abraça o mundo. Seu coração não tem tamanho: nele cabe tudo e algo mais.

E, ao nos revelar a experiência, a santidade do seu filho, no seio da família e assumir tudo isso de forma tão intensa, posso dizer até mesmo que Dona Antonia é a *portadora* da santidade de Carlo para o mundo de hoje. Ela se tornou a tradução, para nós, daquilo que não conhecemos a respeito do próprio Carlo em sua tão curta vida. A mãe se dispôs a sintetizar, atualizar e colocar em prática a experiência da santidade do filho.

Dona Antônia não era uma católica devota. Mas também não chegava a ser o que os brasileiros chamamos de «católico de IBGE» – aquela pessoa que só diz ser católica, mas nem à Missa vai. Ela cum-

A FAMÍLIA ACUTIS: DONA ANTONIA, A MÃE

pria, sim, os preceitos, mas não tinha nenhum compromisso mais intenso com a fé ou com a Igreja. E, ao contrário do que ocorre em tantas famílias, em que os pais inspiram a vida de fé dos filhos, foi Carlo quem, com sua vida, «puxou» a mãe e a moveu a uma mudança de vida radical ao lado do marido. No capítulo anterior, terminei dizendo que também Andrea não era um homem de fé profunda. O casal cresceu na religiosidade junto, mas este processo foi muito mais impactante e evidente na personalidade de Dona Antonia. Ela começa a transcender tudo aquilo que viveu ao lado do filho santo, a ponto de influenciar profundamente o seio familiar ao assumir a postura de abraçar a santidade do Carlo. Não podia ser diferente, é claro: afinal, outra de suas características é vibrar imensamente. Dona Antonia é assaz intensa.

O filho se tornou como que uma causa para ela. Foi Dona Antonia quem acompanhou de perto o crescimento na santidade de seu filho, sem medir esforços. Faz tudo o que faz graças a esta vivência profunda da santidade do Carlo, pois ele a instigou a viver o catolicismo de uma forma intensa e a ter a mesma percepção dos valores que tinha e vivia. Então, se Carlo tinha como pontos centrais da sua espiritualidade a Eucaristia e a devoção a Nossa Senhora, os questionamentos que o filho fazia à mãe a obrigaram a buscar um conhecimento doutrinário e teológico que lhe fizeram tão bem que hoje ela pode levar isso ao mundo e a todos os que estão a seu redor. Carlo utiliza a mãe para que ela seja a voz que ele já não pode ser. Carlo continua falando hoje pela voz de Dona Antonia.

Ver Dona Antonia falando é sentir a presença do Carlo. A cada refeição, a cada instante, tudo girava em torno dele. Quando a mãe falava, parecíamos ouvir o filho. A própria família o admite. Eu tinha muita proximidade com a avó materna de Carlo, Luana.

– Dona Luana, com quem Carlo se parecia fisicamente?

– Olhe para Antonia.

E você começa a prestar mais atenção e descobre as semelhanças entre os dois.

– Dona Luana, e na personalidade?

– Olhe para Antonia.

Evidentemente, as personalidades da mãe e do filho não são idênticas, pois algo assim não existe. Mas Carlo foi, sim, reflexo dela, alguém apaixonado, alguém que se entregava e, ao mesmo tempo, fazia com que a mãe aprimorasse essa personalidade. Tudo aquilo que Carlo tinha em potência, Dona Antonia transformaria em ato depois.

Um aspecto especial em que a personalidade de Dona Antonia e a espiritualidade de Carlo se encontram é a generosidade que ela demonstra com os sacerdotes e as coisas da Igreja. Ela lê o pensamento dos Padres! Quantas vezes eu estava pensando em algo e, minutos depois, Dona Antonia já deixava tudo pronto? Como ela ama os sacerdotes! Já lhe disse que ela seria chamada de «mãe dos sacerdotes do mundo inteiro», pois reza por todos os Padres e, quando pode ajudar algum de nós, está sempre a postos. Em muitos momentos, abre mão até de estar com a família para atender a um sacerdote ou Bispo que telefona. Tive a graça de estar ali e ser cuidado por ela. Havia momentos em que eu questionava se os outros não estariam com ciúmes, uma vez que o zelo e o cuidado por mim eram tão grandes que às vezes até me constrangiam.

De onde vem tanto amor? Só depois vim a entendê-lo.

– São os sacerdotes que nos dão a Eucaristia...

Eu estava levando a eles o que havia de mais importante. É exatamente a mesma relação que Carlo tinha com os sacerdotes: amor e oração, porque era o Padre quem lhe trazia a Eucaristia. Era uma alegria quando ela entrava na capela e me via – era aquele sorriso que ia direto para o meu coração. A capela podia estar cheia de gente, mas era a mim que ela procurava, que reverenciava, porque via e vê no sacerdote outro Cristo.

Outro Cristo! Eis algo que muitas vezes não sentimos nem da parte de nossos paroquianos – que nos julgam pelos nossos erros, pelas nossas limitações humanas. Estar com a família Acutis fez com que eu também repensasse muitas coisas no meu sacerdócio. Como é bom ser amado no seu ministério sacerdotal, independentemente da sua pobreza, das suas misérias, da sua humanidade, mas por ser sacerdote! Dona Antonia faz o Padre se sentir amado no sacerdócio porque ela cuida dele como se fosse o próprio Cristo. É natural nela essa compreensão que todo católico deveria ter, independentemente dos erros ou dos pecados dos Padres, graças ao caráter indelével que a Ordem imprime e que faz do sacerdote um «divino no humano».

Dona Antonia traduz muito bem para os leigos e para o mundo esta tão profunda mensagem do Carlo – a mensagem de amor pelos presbíteros. Em suas entrevistas, ela faz questão de ressaltar o amor pela Eucaristia e pelos Padres, a necessidade de cuidar e de rezar por nós. É curioso o que a vida de Carlo nos ensina a esse respeito, pois muita gente que lhe era próxima pensava que ele seria Padre. Carlo, porém, nunca manifestou nada nesse sentido – o que tinha era esse carinho muito grande pelos sacerdotes. Não é verdade que, quando vemos um adolescente que vai muito à igreja, apesar de sua família não ser assídua, já começamos a dizer que «vai ser Padre»? Pois Carlo nos mostra que o amor à Missa e à Eucaristia é para todos. Sua mensagem era a de que «os sacerdotes são importantes para a minha salvação porque nos dão aquilo que é essencial para chegar ao Céu»: ele me

A FAMÍLIA ACUTIS: DONA ANTONIA, A MÃE

perdoa os pecados e me dá o alimento da alma, que é a Eucaristia.

Como, então, não ter carinho por quem nos traz o que existe de mais importante? Se Carlo percebia isso, Dona Antonia aprendeu dele e fez disso quase uma bandeira. Ela incorporou essa visão muito profunda da Eucaristia – de que a Eucaristia realmente é a nossa estrada para o Céu, como falava seu filho. Desenvolveu esse mesmo sentimento que Carlo tinha pelos sacerdotes e o temperou com sua generosidade de mãe. Ela cuida, ela se preocupa, ela sofre quando um Padre sofre. Quando um Padre cai, quando acontece alguma coisa, ela se pergunta o que pode fazer e se lamenta quando não pode fazer nada. O que é isso? Uma generosidade que transcende a própria família.

Eu diria que Dona Antonia hoje é universal. Isso mesmo. Essa palavra forte eu atribuo mesmo a ela. Ela é universal no sentido original que a palavra «católico» tem. Está em comunhão profunda com o mistério central da Igreja, que é a Eucaristia. E ligado a este mistério está quem? O sacerdote.

Até agora falamos quase apenas de emoções. Mas Dona Antonia casa muito bem a razão com a emoção – ela tem esse equilíbrio. Diferentemente do Andrea, que de início sempre verá as coisas racionalmente, ela conjuga muito bem os dois aspectos e, quando recorre à bagagem teológica que adquiriu, demonstra uma visão muito mais trans-

Assisi 14 dicembre 2020

Caro Don Fabio,

con viva gioia apprendo del suo nuovo incarico come parroco della parrocchia e Santuario Madonna dei Rimedi.

Inoltre mi rallegro che fonte una cappellina dedicata a mio figlio Carlo Acutis, che sarà meta di pellegrinaggi di tutte le Diocesi.

Sono fortunati i suoi nuovi parrocchiani ad averla con loro. Carlo ha sempre avuto una predilezione speciale per Lei e sono certa l'avrà per tutto il suo nuovo gregge affidatogli da Gesù.

Vi assicuro le mie preghiere

CENTRO AMICI DI CARLO ACUTIS
Via Eremo delle Carceri, 30
06081 ASSISI (PG) - ITALIA
Tel. 339 6340122

A FAMÍLIA ACUTIS: DONA ANTONIA, A MÃE

[carta manuscrita em italiano]

Sono certe che forte grand'cose e da questo Santuario si spigionarà una nuova e rinnovata modolato di evangelizzazione che si incontrerà in tutto il Brasile e sarà anche di esempio per altri Santuari e parrocchie che si ispirano alla vostra azione pastorale e fanno riferimento a voi.

Carlo ha scelto Don Fabio per una grande missione. Preghiamo reciprocamente e speriamo di potervi visitare direttamente in Brasile.

Uniti in Cristo
Cristo e Dio, attraverso Carlo ti inondino di grazie e benedizioni.

Antonia Acutis e famiglia

Carta que recebi de Dona Antonia.

cendente das coisas. Quem se senta para conversar com Dona Antonia sai enriquecido. É como se o Espírito Santo estivesse agindo por meio dela. Até brincávamos à mesa, dizendo que talvez Dona Antonia fosse beatificada antes do Carlo. Eu dizia:

– Acho que no dia da beatificação o cardeal vai mudar lá e vai dizer: «Vamos inscrever no livro dos beatos a senhora Antonia».

A visão eclesial que ela demonstra reforça em nós a certeza de que a santidade está na Igreja mesmo. A santidade de Carlo é católica porque flui da Igreja. Dona Antonia traduz muito bem esse amor. Ela é como a mãe que, se pudesse, consertava todas as coisas que ainda não estão caminhando bem dentro de casa. Esse carinho a levou a dominar a história da Igreja – e como ela entende do assunto! Chega a ser extraordinário, porque é algo que não conseguimos acompanhar.

Durante o tempo em que estive ali, fui o confessor de todos eles. Brincávamos e dizíamos que ali era a Paróquia Carlo Acutis e que eu era o Pároco. Mas, falando sério, a família Acutis é uma Igreja doméstica muito coesa, onde cada coisa está no seu lugar. E nessa igreja doméstica a mãe é quem exerce o papel mais fundamental no processo de educação, principalmente da fé. Quais são as mães, hoje, que estão preocupadas em serem catequistas de seus filhos? Que mães criam e favorecem em sua casa as condições para que haja ali uma Igreja doméstica? Que

A FAMÍLIA ACUTIS: DONA ANTONIA, A MÃE

mães têm a consciência de serem as primeiras a educar a fé dos próprios filhos? Raramente encontramos mães assim. Não digo que não existam – longe disso –, mas que, sim, são hoje raras. Dona Antonia, por outro lado, tem muito claro qual é o papel do pai e da mãe como educadores. Logicamente, isso ocorre muito mais com os gêmeos, pois, na época do Carlo, não era assim. Foi Carlo quem provocou e fez com que Dona Antonia entendesse qual era seu papel de mãe, de consciência da Igreja doméstica.

Essa transformação pela qual ela passou, então, veio do próprio filho, de seu testemunho. E, quando pensamos que todo o processo da beatificação de Carlo tem Dona Antonia à sua frente, vemos que ela assumiu a causa por ter o conhecimento e a convicção da santidade do filho, uma vez que essa santidade também a mudou. Quando Dona Antonia abre a boca para falar do Carlo, «levita-se» só de ouvir: ela fala com a alma, é empolgante – é impressionante!

Muita gente pode até imaginar como deve ter sido sofrido para uma mãe ver o filho morrer, olhar o seu corpo inerte. Mas a compreensão da Dona Antonia é transcendente. Quem tem esse olhar não para na imanência, não fica no lamento, no choro, no sofrimento melancólico ou sentimentalista. Não é essa a relação de Dona Antonia com a «perda» do filho – escrevo a palavra entre aspas porque ela sabe que não o perdeu. Carlo continua mais vivo que nunca e presente na sua vida! O filho deixou um legado que é possível viver, e isso faz com que a família sinta sua presença de forma muito especial. Ali, portanto, não há motivo para choro ou para um desequilíbrio emocional. Sabem como Carlo morreu e os resultados que essa morte gerou: uma compreensão especial da fé, da vida e de Deus. Para quem não tem uma espiritualidade consistente, qualquer morte vai ser sempre o fim. Mas não é assim para a família Acutis: Carlo está presente, e agora para todos, pois é da Igreja.

Que mãe ficaria chorando pelos cantos sabendo que o legado que o filho deixou para o mundo é um caminho que leva ao Céu? Ela costuma dizer que, se pelo menos chegar ao Purgatório, já estará feliz:

— Carlo está no Céu, Carlo não queria o Purgatório, mas eu já me contento com o Purgatório.

— Imagine, Dona Antonia — dizíamos —, se o Carlo não vai ajudar a mãe a ir para o Céu!

— Padre Fábio — retrucava ela —, temos tantos pecados, somos tão limitados!

Eis a humildade de alguém que é a mãe de um grande santo, de uma referência de fé para todos nós! Mas a verdade é que também Dona Antonia é grande. Ela é o transbordar da santidade de Carlo. Não mede esforços para dizer ao mundo o que o filho foi, pois a vida e o testemunho de uma pessoa muito nos ajudam a entrar no caminho de santidade testemunhado. O exemplo arrasta, e Dona

A FAMÍLIA ACUTIS: DONA ANTONIA, A MÃE

Antonia é a prova viva disso, pois se converteu a partir do filho que saiu de dentro dela e hoje ajuda a converter muitos e muitas.

Neste momento eu digo a todas as mães: olhem para Dona Antonia, descubram que também é possível uma conversão profunda, descubram como a mãe exerce e exercerá sempre um papel fundamental no seio familiar, pois ela é, antes de tudo, quem carrega no próprio ventre, é quem sente as dores do parto, é quem faz nascer. Dona Antonia fez – e faz – nascer um santo para o mundo, e esse santo fez Dona Antonia nascer para Deus. Ali aconteceu um grande milagre, ali estão presentes a inspiração divina, a força do Espírito Santo. Se alguém quiser saber como era o Carlo, basta ter a graça de passar cinco minutos com Dona Antonia, uma vez que ela se transformou na versão viva do filho, em tudo transmitindo a verdade da santidade assumida por aquele jovem.

Comecei dizendo que Dona Antonia é generosidade, uma generosidade muito acima das generosidades «comuns» do dia a dia. E, mais uma vez, foi Carlo quem fez tudo isso.

Eu e Dona Antonia.

8
A família Acutis: Luana, a avó

Quando um garoto gosta muito das coisas da Igreja, de ler muito a vida dos santos, as pessoas começam a dizer que será Padre. Pois era exatamente o que Luana, a avó materna de Carlo, pensava quando o via. «Ele vai ser Padre, um Bispo, quem sabe um papa. O Carlo vai ser algo muito importante na Igreja». Bem, ela errou e acertou. Carlo não foi nem Padre, nem Bispo, nem papa, mas se tornou alguém importante.

– Padre Fábio – dizia-me –, dentro de mim Carlo ia ser uma pessoa muito importante na Igreja, porque não era possível esse amor tão grande pelas coisas da Igreja, pela doutrina. Mas eu nunca imaginei que seria santo!

Conto esta história para começar a falar de Luana e mostrar como ela compreendia Carlo a partir da convivência dos dois. Ele já manifestava desde criança esses indícios de sua santidade. A ligação entre ambos era profunda: Dona Antonia é a única filha de Luana, e consequentemente Carlo foi seu único neto até virem os gêmeos. O contato crescia ainda mais nos períodos de férias, que Carlo passava com ela e o avô Antonio em Palinuro, localidade de praia no sul da Itália, perto de Salerno, onde os avós moravam. Mas o momento mais forte vivido entre avó e neto foi certamente o fim da vida de Carlo. Foi com Luana que ele estava antes de morrer. Ela e Dona Antonia foram as únicas pessoas que permaneciam no hospital 24 horas por dia. Em nenhum momento daqueles dias finais elas o deixaram de lado. Luana foi essa presença firme com a filha, ali, ao lado do neto, a todo instante.

Ao longo do livro, quando descrevemos o núcleo familiar de Carlo, identificamos características especiais de cada membro dos Acutis: a racionalidade de Andrea, a generosidade de Dona Antonia e de Francesca, o zelo pelo estudo de Michele... E quanto a Luana?

Bem, Luana é o sentimento. Esta senhora idosa, com seus 82 anos, que passou a viver com a filha após enviuvar, é a típica *nonna* que, com os braços, acolhe e tenta cercar os seus de todas as formas de carinho.

Ela me contou que, por cinco anos consecutivos depois da morte do Carlo, não havia um dia em que não derramasse uma lágrima, que não chorasse, que não sentisse a falta do neto. Ela mesma dizia:

– *Carlo era troppo attaccato a me...*

A FAMÍLIA ACUTIS: LUANA, A AVÓ

O Carlo era muito apegado a ela, era «um grude», como dizemos no Brasil. Havia uma identificação muito profunda entre eles, e posso dizer que Luana é a faceta sentimental do Carlo – mas uma faceta sentimental muito equilibrada, pois, se por um lado é a *nonna* italiana completa, isto é, romântica, que chora, que gosta de cantar, de música, de cozinhar, por outro ela também acolhe e aceita o que a vida lhe envia. Quando fala do neto, demonstra um orgulho vibrante – não o orgulho da soberba, mas de realização – por enfim compreender claramente a santidade de Carlo.

Também eu acabei criando uma forte identificação com Luana. Foi com ela que mais conversei, com quem mais ri, de quem mais estive junto. Os italianos não dizem «eu te amo» para qualquer um. É preciso ser muito íntimo para dizer algo assim. Mas, numa ocasião em que estava para ir embora, disse para ela:

– *Nonna, io ti amo*.

Percebi que ela ficou emocionada, pois também havia criado uma afeição muito grande por mim. Tratava-me de um jeito diferente. É claro: todos na casa eram muito carinhosos e solícitos comigo, mas a Luana é avó, e todos sabemos que as avós têm um quê de especial.

Quando eu chegava para celebrar a Missa e me encontrava com ela, Luana sempre me dizia:

– *Buondì...*

Não se diz *buondì* para alguém com quem você não tem muita intimidade – ao contrário do *buongiorno*! É algo típico do italiano, que permite vários graus de intimidade. E Luana sempre me tratou assim, com máximo carinho.

Noutra ocasião, também quando me preparava para partir, ela falou:

– Quero escrever todas as receitas das massas italianas para você, todas as que você comeu aqui neste ano e mais algumas.

E ela anotou tudo à mão – todas as receitas! Fez uma bonita dedicatória e me entregou como presente. Havia percebido que falávamos muito sobre as massas...

E, de fato, Luana é uma excelente cozinheira. Conhece quase tudo – e esse «quase» é muita coisa, porque a culinária italiana é riquíssima, um grande patrimônio do país, a ponto de os italianos saberem explicá-la detalhadamente e se esforçarem para que o sabor seja o melhor possível. A cada refeição que eu fazia, cada massa nova que descobria, a família se preocupava, se perguntava se eu iria gostar. Ela registrava tudo: «O Padre Fábio gostou disto... O Padre Fábio gostou daquilo...». E então fez esse livro de para mim à mão... Colocou muito carinho nisso.

E Luana foi assim também com Carlo: percebia do que ele gostava e, depois, o presenteava. Disse-me que Carlo adorava sorvete e me contou sobre sua massa favorita – que também é a preferida da avó. Trata-se de espaguete ao alho e óleo com *pepperoncino*. Ela ama pimenta, e Carlo também gostava! Então, tinham esse gosto em comum, um prato simples, uma *pasta* simples, mas muito gostosa. Nessas horas, eu via como Carlo foi feliz por ter Luana como avó: uma senhora doce, agradável, verdadeira, pura... E Carlo bebeu de tudo isso.

Se ela foi assim com Carlo, ademais, hoje tem essa mesma relação com os gêmeos. Que grande carinho o dessa *nonna* italiana! Os avós chegam a ser um patrimônio nacional, de tão amados e queridos na Itália. Consigo ver ali o porquê de tantos anciãos, pois há um cuidado muito grande com eles. E é assim que Luana é vista na família. Mora com a filha, participa da vida de todos... As crianças têm a referência da avó materna diariamente. Vejo bem o respeito, o carinho e o acolhimento entre ela e Andrea, por exemplo.

Carlo assimilou todos esses traços, e penso que em sua completude teve grande participação a presença dos avós. Chego a imaginar Nossa Senhora com seus pais, São Joaquim e Sant'Ana, outros familiares – quem sabe? –, e imagino Jesus Cristo, que teve ali sua Mãe ao lado por toda a vida... Como os vários membros da família são importantes na formação da personalidade! Carlo, ao mesmo tempo que bebeu de todos, também devolveu algo especial a cada um, fazendo-os aprimorar aquilo que lhes era peculiar. Neste sentido, o encontro entre Carlo e Luana faz ecoar o sentimento mais equilibrado e mais puro que existe.

– Eu choro não porque somente eu estou sem, mas choro porque também Carlo é o grande presente da Igreja hoje – diz ela.

E como ela soube compreender Carlo! Luana sintetiza a personalidade do neto em três palavras italianas: *parco*, *solare* e *leggero*.

Carlo era *parco*. Precisei até procurar o que isso significava. Um *parco* é uma pessoa equilibrada, precisa, pontual, reta. Como Andrea falara daquela vez, Carlo não tinha dúvidas e não deixava dúvidas naquilo que fazia.

A segunda palavra é ainda mais bela – e Luana a cita com gosto: Carlo era *solare*, que vem de *sole*, «sol». Quem é *solare* brilha, irradia uma luz profunda. Ele era *solare* pois, quando chegava, marcava presença pela beleza, pelo sorriso, pelo jeito de ser. Bastava sorrir, conversar, dizer uma palavra ou chegar num ambiente e parecia que tudo se iluminava...

E, por fim, Luana diz que Carlo era *leggero*: alguém leve, que traz leveza aos ambientes. Ainda que estivesse estourando uma confusão, uma briga, a chegada de Carlo dava alívio, trazia um analgésico para o momento. Segundo Luana, Carlo sentia tanto as pessoas que tinha a palavra certa para dizer a cada uma, como se fizesse de imediato uma leitura dos problemas pelos quais ela estivesse passando.

A FAMÍLIA ACUTIS: LUANA, A AVÓ

Parco, solare e leggero... Luana não se cansava de repetir que via Carlo dessa forma. Antes ela não o compreendia bem, mas hoje percebe que tais características não eram apenas traços meramente humanos; eram, antes, também reflexo da resposta que Carlo dera ao chamado à santidade. Trata-se de características que, muitas vezes, nós não sabemos identificar porque nós mesmos não as temos. Eu identifico em você aquilo que tenho em mim. Se percebo algo que sinto ser diferente, mas não consigo identificar porque não o tenho, fico com «a pulga atrás da orelha». Pois Luana percebeu a santidade do Carlo por meio dessas três palavras, da identificação que ela tinha com ele: *parco, solare e leggero*, firme, inteligente, preciso, brilhante, iluminado, leve.

Luana fecha, no meu relato, o ciclo de tudo aquilo que Carlo recebeu de cada membro da família. Luana e Carlo são sentimento. Ele devia se jogar nos braços dela, procurar o cafuné da avó, pois ela era aquela emoção que dá segurança – não aquela emoção melancólica, sentimentalista ou vaga, mas a emoção que preenche, porque é gostoso estar no colo da avó. Até hoje, Luana proporciona isso àqueles com quem convive: a sensibilidade amorosa, afetiva, própria do sentimento de uma avó, mas também de uma mulher vivida que passou pelo sofrimento da Segunda Guerra e de uma Itália antes dividida. Mesmo nesta fase da vida em que está, com a idade avançada, sua doação ainda é impressionante. Estou certo de que ela foi sempre assim. De fato, Luana e Carlo se encontram no sentimento.

9
Assis

O que Assis tem de especial para Deus ter feito saírem dali tantos santos? O que há de sobrenatural, de imponderável, nessa cidade? A resposta que eu arriscaria: Assis é sobrenatural, e o sobrenatural a não conseguimos explicar. A primeira vez que estive lá foi em 2008, acompanhando uma visita *ad limina*. Nos doze anos seguintes, nunca mais deixei de prestar uma visita anual à cidade. Não importa quantas vezes se vá: sempre que alguém chega a Assis, sente de imediato que o lema «paz e bem» é real. Você sente a paz e sente o bem. Percebe que o espírito de Deus realmente paira ali de uma maneira tão forte que a cidade faz-se uma pequena porção do Céu na Terra.

E não é apenas Assis. Aquela região italiana, a Umbria, é muito abençoada e deu ao mundo vários santos: Santa Rita de Cássia, São Bento, Madre Speranza, São Gabriel da Virgem das Dores – todos eles nasceram ou viveram na região. Mas Assis realmente tem algo de especial, uma mística que nos envolve.

Talvez isso se dê porque a cidade nos remete a um tempo em que a fé era algo muito mais importante na vida das pessoas. Mas, ao mesmo tempo, trata-se de uma cidade medieval, de uma época repleta de guerras. Assis ainda hoje é cercada de muralhas, como várias outras cidades italianas, porque vivia-se sempre na expectativa de um ataque. A Itália só se tornou um país unificado no século XIX. Antes disso, eram cidades e regiões que guerreavam entre si. Quem sabe por isso Assis se consolidou hoje como a cidade da paz?

E não podemos nunca falar em paz sem lembrar o filho mais famoso, o filho predileto de Assis: Francisco. Também ele, antes de se tornar aquele homem de paz, havia sido um guerreiro sempre a postos, como todo jovem de sua época. É ele que vem dar uma resposta a essa chaga de seu tempo. A Assis de hoje deve tudo a Francisco, vive em função dele e da espiritualidade franciscana, que é fortíssima ali – e não tinha como ser diferente, a ponto de ocorrerem coisas que realmente não se explicam. Assis é protegida, e darei dois exemplos disso.

Assis tem uma parte no vale e outra na montanha. É como se fosse... um grande condomínio.

ASSIS

Se não for a cidade mais cara para se viver na Itália e na Europa, diria que é uma das mais caras. Alugar ou comprar uma casa na Assis histórica é caríssimo. Só mora lá em cima quem realmente tem condições e os herdeiros das famílias tradicionais da cidade, que já estão lá com suas casas há séculos.

No ano que passei ali, aprendi que você pode dormir e deixar a porta de casa destrancada. Nunca ouvi dizer que houvesse uma morte, nem mesmo um roubo. E, no auge dos contágios da primeira onda da pandemia de Covid-19, na Assis histórica não houve nem um caso sequer. Foi apenas com a reabertura do turismo que surgiram os primeiros contágios, mas num primeiro momento nos sentíamos extremamente protegidos. Parecia que São Francisco realmente nos tinha abraçado.

Acabei de mencionar que, para se viver na Assis histórica, é preciso ter dinheiro. E aqui me ocorre um pensamento, uma reflexão minha, pessoal. Francisco fez a opção pelos pobres, e só é possível fazer a opção pelos pobres sendo rico. Quantas pessoas doaram a vida pelos pobres! E puderam fazê-lo por quê? Porque tinham coisas de que se despojar. Ser rico e optar por se fazer pobre, doar sua vida a eles... isso nos ajuda a fugir da ideologização da pobreza. Francisco era rico, de família abastada; seu pai era um comerciante de tecidos. Ele faz a opção pelos pobres, por abraçá-los, porque entende a pobreza como um conselho evangélico vindo do próprio Cristo, e não como uma ideologia em que se manipula as pessoas e a sua condição social para, no fim, controlá-las.

Francisco não politiza os pobres em benefício próprio; antes, vê a pobreza com o olhar de Jesus. Eis a grande diferença entre a caridade cristã e a filantropia. Francisco faz sua opção pautado pelo Cristo pobre e livre, uma pobreza que conduz à liberdade. Vejam como o comunismo interpreta a ideia de Francisco em benefício próprio, apenas para fortalecer o grande mal que é esta ideologia – às vezes até tentando justificar seus erros usando o Evangelho. Mas esta é uma traição ao Evangelho e ao ideal franciscano. Quem age assim se assemelha ao apóstolo que, na ocasião em que uma mulher lavou os pés de Jesus com um perfume caríssimo, indignou-se e disse que o perfume poderia ter sido vendido por uma boa quantia, para ser dada aos pobres. E que apóstolo falou isso? Judas Iscariotes, o ladrão do grupo. Francisco não tem nada com isso.

E esse Francisco continua encantando a humanidade até os dias de hoje. Em Assis, isso se faz presente como em nenhum outro lugar. Quando eu caminhava pelas ruas da cidade, não conseguia parar de pensar que «Francisco passou aqui» – ou mesmo que «Francisco está *passando* aqui». E podemos ver, junto dele, a bela Clara, de família abastada e nobre, mas que também abraça o mesmo ideal. Juntos, abrem um novo tempo para Assis e para toda a Igreja, pois o carisma franciscano, penso eu, é o que tem mais ramificações atualmente e é o que ainda hoje inspira mais pessoas – entre elas, Carlo.

Carlo também se sentiu seduzido e abraçado por Francisco. Eis aí um jovem de nossos tempos, do terceiro milênio, que também é rico e que também quer fazer da sua vida uma doação plena. Assis, então, torna-se o grande local do encontro dos santos. Quando Carlo visita a cidade pela primeira vez, fica tão encantado que de lá não quer sair. A família começa a passar todas as férias em Assis, a ponto de os Acutis decidirem comprar uma casa lá. Lembremos que Carlo era um desconhecido, não passava de um adolescente cuja família era mais uma entre as tantas que visitavam Assis e que, por ser abastada, teve condições de comprar um imóvel. Carlo ia a Assis, rezava ali, sentia fortemente esse encanto por Francisco, mas Assis só vai conhecer Carlo depois de sua morte.

Quando faleceu, Carlo foi sepultado primeiramente na região de Milão, onde a família vivia e onde eles tinham seu jazigo. Ele, no entanto, deixara muito claro seu desejo de ser enterrado em Assis. Isso não foi possível naquela ocasião, mas dois anos depois construiu-se uma parte nova no cemitério de Assis e Dona Antônia imediatamente comprou um terreno e fez o traslado do corpo, enfim realizando o desejo do filho.

Mesmo depois que Carlo foi sepultado em Assis, no entanto, ele ainda era um desconhecido. Podia estar enterrado lá, mas poucas pessoas sabiam de sua fama de santidade porque ele era de Milão e apenas passava as férias na cidade. E, ainda depois de a família ter se mudado de vez para Assis, não foi lá que Carlo se tornou mais conhecido – foi no Brasil! Temos de frisar esse detalhe: a devoção foi do Brasil para Assis e de Assis para o mundo. Não é à toa que o milagre da beatificação ocorreu em nosso país. Quantas vezes, naqueles primeiros anos, fizemos peregrinações e fomos ao túmulo de Carlo em Assis? Descobrimos que na cidade ninguém o conhecia ainda!

Hoje, o corpo de Carlo está no Santuário do Despojamento. Foi naquele local que Francisco compreendeu para que tinha vindo ao mundo. É quando ele se despoja de tudo, tira a própria roupa e a coloca nas mãos de seu pai, ao lado da residência do Bispo. Ali se dá o encontro de dois jovens: um da Idade Média e outro de nosso tempo, pois também Carlo se despojou de sua vida. Assis, então, é o local do encontro do despojamento. Não poderia ter sido de outra maneira.

Carlo é outro Francisco. Um Francisco dos nossos tempos, que também se despojou e que chacoalha o mundo para que recuperemos o essencial à nossa vida. Francisco e Carlo... O jovem absorve tudo de Francisco e o «ressignifica» em nosso tempo: entende que o modo de viver de Francisco tem tudo a ver com ele e que pode ser praticado hoje, em meio a nosso imenso esvaziamento espiritual.

Há ainda algo mais. Quando se pensa em Francisco, pensa-se também em sua relação com a Criação. Francisco teve essa ligação profunda com a natureza, e Carlo se assemelha ao santo de Assis também nisso. Quando estive lá, costumava dizer a Dona Antonia que aquele era o «zoológico Acutis»: seis cachorros, quatro gatos, tartarugas, papagaios... E, se Dona Antonia visse qualquer animalzinho sofrendo na rua, era certo que ele terminaria dentro de casa, para que a *nonna* cuidasse dele. Carlo e a família têm uma grande sensibilidade para com os bichinhos, a exemplo de Francisco.

No entanto, muitos entendem mal esse amor de Francisco pelos animais, como se fosse um fim em si mesmo ou o aspecto mais importante da sua mensagem. A verdade é que Francisco passa a chamar tudo o que está em sua volta de «irmão», «irmã». Ele vive na transcendência, no Céu, e ao mesmo tempo faz da imanência uma transcendência. «Irmão sol», «irmã lua», «irmã morte», «irmã Terra», «irmão gafanhoto», «irmão passarinho», «irmã vaca» etc. Nisto está mais uma demonstração do esvaziamento de si mesmo. Carlo, por sua vez, repete-o em suas circunstâncias: em um século novo, em uma cidade grande como Milão...

Encerro dizendo que, hoje, Assis sabe muito bem quem é Carlo. Pude ter certeza disso após toda a preparação da beatificação. Assis tem mais um santo presente para caminhar conosco, para tornar essa cidade ainda mais mística. Porque Assis atualiza no tempo a experiência transcendente da santidade. Sim, Assis é toda moldada por Francisco, mas, ao sentir essa espiritualidade franciscana, podemos também ver seus frutos nos tantos outros santos ligados à cidade. Assis continuará sempre sendo para o mundo uma grande inspiração. Já ouvi muitas histórias de pessoas que visitam Assis e saem de lá com a urgência de fazer algo. É como se bastasse sentir a brisa diante da Basílica de São Francisco, caminhar pelas ruas – como eu fiz tantas vezes –, para sentir um impulso que vai lhe repetindo:

– Você não pode mais ser o mesmo. Você tem de sair daqui e fazer algo. Você tem de dizer para alguém que você o ama.

Eu não cansava de mostrar Assis às pessoas sempre que podia fazer uma transmissão pela internet. Meu desejo era que todos pudessem ir a Assis, andar um pouco, sentar-se ali diante da Basílica de Santa Clara ou de São Francisco. Com a internet, eu podia ser os olhos de quem não tinha como estar lá pessoalmente, vendo aquele pôr do sol maravilhoso a partir da basílica e perguntando se poderia haver algo de mais belo. Assis é um Céu na

ASSIS

Terra. É abençoada e protegida, é fonte de inspiração para tantos. É a Assis dos santos, um lugar onde descobrimos ser possível viver a santidade e mostrá-la ao mundo. Viva Assis! Paz e bem!

10
A beatificação

Como alguém é declarado santo pela Igreja? Explicando de forma rápida e simples, o processo referente a alguém que morre com fama de santidade e é candidato aos altares começa na Diocese onde a pessoa faleceu. Seu início, portanto, é sempre uma questão local – depende do Bispo. Quem tem seu processo de canonização aberto já é declarado «servo de Deus». Depois que termina a fase diocesana, o processo segue para a Congregação para as Causas dos Santos, no Vaticano, que fica responsável pelas etapas seguintes, como o decreto de virtudes heroicas, por meio do qual a pessoa passa a ser reconhecida como «venerável». Depois, passa-se à beatificação e à canonização, quando se confirmam milagres atribuídos à intercessão do candidato. Trata-se de um processo de investigação extremamente longo e criterioso, com muita pesquisa e muitos relatos.

Com Carlo não foi diferente. Sua fama de santidade começa ali em Milão, onde ele vivera e morrera. Em 2013, o então arceBispo milanês, cardeal Angelo Scola, abriu o processo de canonização, cuja fase diocesana teve fim em 2016. A essa altura, já tinham sido recolhidas inúmeras informações.

Certo. Mas onde eu entro em tudo isso?

Quando conheci a família Acutis e fui a Milão para conhecer os lugares importantes da vida do Carlo, não era mais do que um peregrino devoto. O processo ainda estava na fase local, tinha acabado de ser aberto. Mas, no Brasil, já havia uma grande devoção àquele jovem servo de Deus.

Quando a história da cura de Matheus chegou à Congregação para as Causas dos Santos e se percebeu que ali poderia estar o milagre necessário para a beatificação, o Vaticano pediu ao Bispo do local onde ocorrera cura – no caso, Campo Grande (MS) – que abrisse um tribunal, tendo um sacerdote que pudesse acompanhar todos esses trabalhos. Além disso, foi nomeado um vice-postulador da causa de canonização no Brasil: o Padre Marcelo Tenório, Pároco da Paróquia de São Sebastião, em Campo Grande, onde acontecera o milagre. O tribunal ouviu testemunhas, médicos, todos os que de alguma forma estiveram envolvidos no caso

A BEATIFICAÇÃO

de Matheus. Foram feitos exames médicos, e todo o material precisava ser enviado a Roma.

Até aí, não havia participação nenhuma da minha parte. Eu não passava de mais um devoto, sem nenhum papel importante na propagação da devoção ao Carlo no Brasil. Mas vejam como funciona a Providência: naquele ano de 2018, quando terminou a investigação do milagre em Campo Grande, eu estava para ir em peregrinação a Portugal e Espanha com minha Paróquia. O Padre Marcelo, que era quem, por direito, deveria levar todo o material ao Vaticano e ser recebido na Congregação para as Causas dos Santos, me procurou e perguntou se, já que eu estava indo para a Europa, poderia me encarregar dessa tarefa. Com o coração aberto, respondi:

– Levo, sem problema nenhum.

E fui oficialmente nomeado, a fim de portar toda a documentação levantada em Campo Grande.

Não era eu, não deveria ser eu a fazer isso. Era um direito do vice-postulador da causa. Mas, de repente, lá estava o Padre Fábio com a possibilidade de levar esse processo ao Vaticano! No meio da peregrinação, voei de Portugal para Roma e fui recebido por Dona Antonia. Fui ao Vaticano e me reuni com os responsáveis pelo processo do Carlo ali. Fui muito bem recebido. A documentação foi examinada na hora, e novos conteúdos acabaram por ser solicitados. De volta ao Brasil, repassei o pedido ao vice-postulador. Foi um momento único para mim: colaborar dessa forma com o processo, ter sido o escolhido para esse momento... Já teria me dado por muito satisfeito só em fazer isso, mas Carlo queria mais: ele estava me amarrando, me levando para perto de si.

Continuei com minha vida sacerdotal, e o tribunal em Campo Grande foi reaberto a fim de satisfazer os pedidos da Santa Sé. No ano seguinte, haveria uma nova audiência para que a documentação complementar fosse entregue. Dessa vez, iríamos juntos, eu e o Padre Marcelo. Por incrível que pareça, agora que finalmente havia chegado a vez de o Padre Marcelo estar presente também, um imprevisto no aeroporto o impediu de embarcar para a Itália. Eu fui e ele ficou: só conseguiu embarcar no dia seguinte, 7 de março de 2019, justamente quando estava marcada a audiência. Mais uma vez estou lá, sozinho, agarrado ao processo. Quando chego à Itália, Dona Antonia me pergunta:

– Mas onde está o vice-postulador?

Conto a ela o que houve, e ela me diz:

– Graças a Deus, Padre Fábio, que o senhor estava presente, senão teríamos perdido a audiência, meu Deus!

Era Carlo mais uma vez preparando tudo.

A BEATIFICAÇÃO

O mais interessante é que, quando cheguei lá, Dona Antonia lembrou que, como na ocasião anterior tinha sido eu o portador da documentação do processo, com nomeação formal do tribunal de Campo Grande, meu nome já fora registrado no Vaticano. O fato de o vice-postulador não estar na audiência não poderia ser um problema – como realmente não foi. Então, como costumo dizer, foi Carlo. Minha contribuição para o processo de beatificação foi tão pouca, mas ao mesmo tempo essencial... Se tivéssemos perdido a audiência, muita coisa teria atrasado. Não se sabe quando remarcariam a entrega dos documentos! Como não ver a graça de Deus em tudo isso?

Foi naquele dia, o dia da segunda audiência, que Dona Antonia me fez o célebre convite para passar uma temporada com eles. Ela me chamava, queria que eu estivesse junto da família, porque mais cedo ou mais tarde aconteceria a beatificação do Carlo. E, de fato, em fevereiro de 2020, quase um ano depois daquela audiência, para a alegria de todos, o Vaticano reconheceu o milagre!

A beatificação ocorreu em 10 de outubro, dois dias antes do aniversário da morte de Carlo. Estive lá participando, vivendo todos aqueles momentos. A cerimônia concluía uma etapa, fechava um ciclo em que eu estivera envolvido, e no qual eu havia sido abraçado de tal forma pelo Carlo que muitas vezes fico sem palavras. Fui muito amado, fui realmente um escolhido, pois é um verdadeiro milagre que tudo tenha acontecido da forma como aconteceu.

Coincidência ou Providência? Responderei sempre que foi a Providência. Deus me escolheu, Carlo me amou. Sinto-o como um irmão, como meu amigo. Muitas vezes, conversando com Dona Antonia, ela me disse:

– Carlo gosta muito do senhor, Padre Fábio. *Tu sei protetto da Carlo*. «Você é protegido pelo Carlo».

Em primeiro lugar, não era eu quem deveria estar em Roma levando a documentação do processo. Depois, quando planejei distância das mídias sociais, lá estava eu desenvolvendo um apostolado pela internet. Tudo isso a partir de um chamado de Deus, é claro, mas foi Carlo quem me levou pela mão e comunicou esse chamado de levar adiante a bela mensagem de sua santidade para o mundo.

A beatificação do Carlo coroou e autenticou o chamado que Deus me fez para contribuir de forma eficiente e eficaz com a evangelização e com o Reino de Deus. A história do Padre Fábio com o processo de beatificação, estritamente, é esta: duas audiências como portador de uma documentação burocrática. Duas reuniões. Formalidades. Mas, nessas ocasiões, senti a ação de Deus de forma muito presente, muito forte, muito comprometi-

A BEATIFICAÇÃO

da, muito chamativa. Ele me colocou dentro desse projeto para fazer de mim colaborador seu, para levar ao mundo a mensagem de Carlo. Que, nas minhas limitações, eu sempre possa corresponder ao chamado divino!

Conclusão
A receita de Carlo para a santidade em oito passos

Durante todo o tempo em que passei em Assis junto da família de Carlo, também pude beber da fonte que a alimentara. Falar da espiritualidade de Carlo Acutis é sempre muito empolgante, pois em apenas quinze anos ele foi capaz de deixar um legado eterno. Quantos jovens, adultos, crianças, pessoas de todas as idades beberão da riqueza que esse jovem nos deixou! E Carlo foi capaz de tamanha humanidade porque, antes, a acolheu tal como era.

Carlo é presença de Deus neste nosso milênio marcado pelas realidades das tecnologias da comunicação, da internet, das redes sociais. Ao tornar-se grande sinal do amor de Deus neste tempo, não surpreende que seja candidato a patrono da internet. Assim como ele usou a tecnologia para dividir muito do que tinha aprendido, hoje nós procuramos fazer o mesmo para espalhar o legado de Carlo. Isso, afinal, é próprio dos santos, e queremos imitá-los: eles não existem para si mesmos, mas para os outros. Os santos são oblativos: saem de si e vão ao encontro do próximo. O chamado que recebem, a sua experiência com Deus, transborda naturalmente.

Carlo não quis apenas para si aquilo que experimentara. Antes, deixou-nos o caminho para que pudéssemos ter essa experiência também. Esse caminho, essas referências, eu chamo de de «*kit* Carlo»: um *kit* que fez dele santo e que pode fazer de todos nós santos também. Reparem no que eu digo: *todos* nós. Porque o roteiro de Carlo nada tem de extraordinário ou incomum, como se a santidade fosse coisa de outra dimensão. Sim, existem santos que em vida realizaram prodígios, mas são a exceção! Isso não é necessário para a santidade. Carlo foi santo porque foi verdadeiramente católico, porque acolheu o caminho que a Igreja nos apresenta de forma muito generosa e fiel.

Tenhamos certeza disso: para ser santo basta ser fiel. Se você, leitor, quer ser santo, seja católico – mas católico de verdade, não um católico medíocre, não um católico *light*, não um católico superficial, do mundo do descartável, do egoísmo, do individualismo. Seja um católico que, acima de tudo, ama, e ama porque conhece. Carlo conhecia plenamente a doutrina da Igreja. Por conhecê-la, amou. Por amar, transbordou. O que ele fez foi agarrar-se aos elementos – assaz simples – da espiritualidade,

A RECEITA DE CARLO PARA A SANTIDADE EM OITO PASSOS

da nossa fé católica, práticas que são uma obrigação para todos nós, mas que estão esquecidas, desvalorizadas, abandonadas por muitos.

É por isso que Carlo causa esse terremoto no mundo. Acostumamo-nos a ver a santidade como algo distante, e de repente ele vem e surpreende a todos. «Um jovem dos nossos tempos... santo?». Sim, porque ele foi verdadeiramente católico. O que falta em nós, muitas vezes, é justamente a catolicidade, esse amor pleno pela fé que abraçamos, em que acreditamos, pois a Igreja é o sacramento de Cristo. Foi com isso, e não mais que isso, que Carlo se santificou: com esse *kit* tão simples e já conhecido por todos, acessível a jovens, a adultos, a idosos!

Proponho agora, portanto, oito pontos que servirão para a conclusão desta obra e que condensam a via que Carlo Acutis percorreu.

1. *Vá à Missa todos os dias e faça a santa comunhão. Vá à Missa todos os dias.* Quando Carlo faz a primeira comunhão, que resolução toma? «De hoje em diante, não faltarei mais à Missa!».

Ir à Missa todos os dias e comungar. Ir à Missa e sair dela como reflexo do que foi experimentado... Quantas pessoas vão à Missa e, mesmo em estado de graça, não comungam! Ficam incompletas. Vá à Missa todos os dias. A Missa é o sacrifício, é Cristo que se oferece – não de forma cruenta como na Cruz, mas de forma incruenta. A Santa Missa é o que liga a Terra ao Céu. Se um católico tem a oportunidade – pois não são todas as pessoas que têm essa chance – de ir à Santa Missa todos os dias, que o faça, pois a Eucaristia é nosso sustento.

2. *Vá ao confessionário toda semana, mesmo que seus pecados sejam aparentemente banais.* Às vezes vamos nos acostumando com os «pecadinhos de estimação»: aquela mentirinha do dia a dia, o falar mal do outro, uma fofoca... Nossa consciência vai ficando relapsa, assimilando aquilo como se fosse algo normal. O passo seguinte é achar que isso é banal, que não pede uma Confissão. Mas o pecado vai manchando nossa alma, e só há um meio, um sabão, uma água sanitária potente para tirar essa mácula: a Confissão. Nosso Carlo tinha consciência disso: quanto mais limpa a alma, mais perto de Deus estamos e mais garantido o Céu será para nós. Então, Carlo não titubeava. O que soa bobo para nós era algo grave para Carlo, pois qualquer mancha sempre será um obstáculo que nos afasta de Deus.

Carlo não queria nem ir para o Purgatório: desejava o Céu logo! E quantos de nós desejamos assim o Céu, sem nem passar pelo Purgatório? Não muitos, e por isso tantos estão carregados de manchas! Vá ao confessionário: Carlo ia toda semana, ia quando julgava necessário, mas muitos católicos nem mesmo uma vez por ano cumprem esse mandamento da Igreja.

Com este segundo conselho, Carlo nos chama a refletir um pouco, a entender que o pecado nos

A RECEITA DE CARLO PARA A SANTIDADE EM OITO PASSOS

tira do caminho do Céu e desse projeto de santidade. O pecado é o grande câncer da alma e exige remédio. A Confissão é um sacramento de cura. Hoje virou moda dizer: «Eu me confesso direto com Deus». Ora, isso é protestantismo. Não existe «confissão diretamente com Deus», até porque foi o próprio Deus quem estabeleceu essa mediação. Jesus nos deu os sacramentos como meio de obter o perdão: "Ide, batizai, perdoai os pecados, aqueles que perdoardes serão perdoados e aqueles que não perdoardes não serão perdoados», diz aos apóstolos. Não façamos um pacto de amizade com os nossos pecados e tenhamos cuidado principalmente com os de estimação, pois seu acúmulo certamente nos manchará muito a alma.

3. *Faça propósitos e ofereça pequenos sacrifícios a Nosso Senhor e Nossa Senhora, a fim de ajudar os outros.* Carlo fazia, com maestria, os pequenos propósitos. Todos os propósitos, promessas ou sacrifícios precisam ter um fim externo, precisam transbordar. Deixar de comer sobremesa na Quaresma? Por quê? Por estar de dieta, para não engordar? Isso não tem sentido sobrenatural. Mas, se ofereço este sacrifício a Deus pelo meu próximo, tudo muda! Posso, ainda, juntar a quantia que gastaria com as guloseimas e ajudar os necessitados, ou fazer uma doação. Carlo fazia isso. Esses sacrifícios a Nosso Senhor e Nossa Senhora precisam ter a finalidade de ajudar os outros, espiritualmente ou materialmente. Do contrá-

rio não é sacrifício, não é promessa. Carlo tinha plena consciência disso. Que belo propósito esse, o de ajudar os outros por meio de nossos sacrifícios! Isso é tornar-se eucaristia para o próximo, é um modo de fazer a Missa sair ao encontro do outro.

4. Faça um momento de adoração eucarística diante do sacrário. Adorar, antes de tudo, é contemplar, é estar em silêncio profundo diante de Deus. Não é necessário dizer nada. Às vezes queremos abusar da criatividade, acrescentamos invencionices, barulho, desfile com o Santíssimo Sacramento, «toca e vai» etc. Nada disso é adoração. Adoração é permanecer diante de Deus com o olhar, como os santos sempre faziam. A adoração é um momento muito importante. Carlo, antes de qualquer coisa, passava cinco, quinze minutos diante de Jesus Sacramentado.

É preciso se colocar diante de Jesus sacramentado para contemplar e sentir. Mas ninguém faz mais silêncio, ninguém mais se coloca diante de Deus! Estamos presos ao barulho e a tudo aquilo que fica pulsando dentro de nós. A adoração é o contrário disso: é um grande momento de esvaziamento de todas as preocupações, de todas as coisas, pois consiste em sentir a presença de Deus realmente. Quando alguém está contemplando de fato, sai da adoração leve e tranquilo. Carlo sabia muito bem que ali estava a fonte de seu enriquecimento, de sua fortaleza, de sua proximidade com Jesus. Precisamos ir à fonte e nos abastecermos dela para encarar os desafios da

A RECEITA DE CARLO PARA A SANTIDADE EM OITO PASSOS

vida. Descubramos na adoração do Santíssimo esse grande momento de graça e de fortalecimento.

5. *Queira ser santo com todo o seu coração. E, se esse desejo ainda não tiver aflorado em sua alma, peça com insistência ao Senhor o desejo de ser santo.* Carlo dizia que a única coisa que deveríamos pedir a Deus todos os dias é a santidade. A primeira coisa que costumamos fazer ao rezar épedir. Às vezes esquecemos de agradecer, mas nunca de pedir. Deus não se incomoda com isso – foi Ele quem nos disse: «Pedi e recebereis». Então, não pensemos duas vezes antes de pedir. Todavia, Carlo dizia que há algumas coisas que devemos pedir em primeiro lugar, e para ele a primeira coisa a ser suplicada era a santidade.

Contudo, só pedimos aquilo que desejamos. «Precisamos ter esse desejo em primeiro lugar; desejamos tantas coisas, mas, na hierarquia dos nossos desejos onde está o desejo de ser santo? Se ele não existe, é bom buscarmos», dizia Carlo. Não barganhamos a santidade com Deus, como se fosse algo que Lhe damos se recebermos algo Dele. Não é assim que funciona!

A verdade é que às vezes não queremos a graça da santidade na nossa vida. Queremos tantas coisas, mas não queremos ser santos. Carlo dizia que é essencial ter esse desejo aflorado em nosso coração todos os dias, do amanhecer à hora de dormir: «Será que hoje dei passos no caminho da santidade? Será que hoje busquei ser santo? Será que hoje fiz o bem que me santifica? Será que hoje...?». A santidade tem de ser um desejo constante que se renova a cada minuto. Era o que Carlo afirmava. Que Deus nos ajude a jamais deixar esmorecer o desejo de santidade.

6. *Leia todos os dias uma passagem da Sagrada Escritura.* Carlo fazia isso cotidianamente. É claro que, se tivermos a oportunidade de estudar as Sagradas Escrituras em detalhes, de fazer exegese, de cursar Teologia, melhor ainda, mas Carlo nos dá uma dica tão simples que qualquer um pode segui-la com facilidade: ler todos os dias uma passagem da Sagrada Escritura não é peso para nenhum de nós. Pelo contrário: é alimento espiritual, contribui para nossa santificação! Afinal, a palavra de Deus não é qualquer palavra – não são «palavras», mas a Palavra com P maiúsculo, a qual a alma reconhece imediatamente pois deseja o Céu e se alimenta do que é divino. Carlo sempre buscou tempo para a leitura da Palavra de Deus, dedicando-lhe amor, atenção, carinho... Ele sabia de sua importância. Quantas vezes buscamos tantas outras palavras e conselhos quando temos ali, junto de nós, a Palavra de Deus!

7. *Lembre-se de recitar o Rosário todos os dias.* Quantos de nós mal sabemos rezar o Santo Terço! Carlo sempre dizia que «Nossa Senhora é a única mulher da minha vida». Existe melhor forma de homenagear Nossa Senhora e de obter graças diante de

Deus – porque a Virgem Maria é uma grande intercessora – do que rezar o Santo Terço? Quando viu que, em Fátima, Nossa Senhora dissera que Francisco teria de rezar muitos Terços para chegar ao Céu, Carlo ficou apavorado. Daquele dia em diante, o Santo Terço tornou-se tão essencial quanto seu almoço ou o jantar. É triste que, para tantos católicos, essa devoção mariana não seja vista com a importância que realmente tem. Mas Carlo a viu e trouxe para seu dia a dia o Santo Rosário, a ponto de fazer dele um braço forte de sua espiritualidade, ao lado da Eucaristia, que é sua «via expressa para o Céu».

8. *Peça ao seu anjo da guarda para ajudá-lo continuamente, de modo que se torne seu melhor amigo.* Carlo estava sempre com o olhar voltado para o infinito – disso nós sabemos. Eu sempre dizia, conversando com Dona Antonia:

– Carlo já vivia no Céu, mas de vez em quando vinha aqui e fazia as coisas.

Ele estava em união profunda com as coisas do alto, e por isso reconhecia muito bem a importância de seu anjo da guarda e dos outros anjos, como São Miguel. Carlo sempre ia a San Giovanni Rotondo visitar a gruta de São Miguel Arcanjo, no Monte Gargano. Rezava todos os dias a oração ao anjo da guarda. Sabia de sua importância e de como ele nos protege, pois os anjos realmente têm esse papel: estão ali ao lado de Deus e olham por nós. Carlo dizia que o anjo da guarda deve ser nosso melhor amigo. Rezar aquela oração simples ao anjo da guarda, como Carlo fazia, é, acima de tudo, reconhecer a importância deste guardião em nossa vida.

Esses oito pontos que traduzem a espiritualidade de Carlo têm sempre por centro a Eucaristia. Carlo é o jovem mais eucarístico dos nossos tempos. Aliás, se ainda não fizemos da Eucaristia o centro de nossas vidas, precisamos fazê-lo o quanto antes. Quantas pessoas, durante o período de pandemia do coronavírus, ficaram sem a Eucaristia e sofreram por isso? Espero que, por mais dolorido que fosse, isso ao menos tenha servido para percebermos quantas vezes fomos negligentes em nossa devoção eucarística ou quantas vezes assistimos à Missa de qualquer jeito. Também nós, Padres, precisamos refletir: em nome da criatividade, queremos fazer da Missa um espetáculo, um esvaziamento completo daquilo que ela é de verdade: *sacrifício*.

Desejo frisar bem essa palavra. Missa é *sacrifício*. Carlo o percebia plenamente, mas muitos de nós não, e por isso esvaziamos a Santa Missa com ideias, com ideologias. Damos até nomes: «Missa da melancia», «Missa do coco», «Missa sertaneja». Não existe Missa temática: existe a Santa Missa, que é sacrifício. E, se eu não reconhecer isso, não há como chegar ao Céu. Para Carlo isso era importante. Sua «via expressa», a forma mais rápida, mais veloz de chegar ao Céu, era a Eucaristia, centro de nossa fé católica.

Deus nos amou tanto que nos deu Seu Filho. Jesus, transbordando desse mesmo amor, quis ficar conosco como alimento, amando-nos de dentro para fora, pois a Eucaristia é comida, é alimento.

Alimentar-se da Eucaristia é ter essa certeza da presença do amor de Deus que está em mim, e Carlo reconheceu isso já no dia da sua primeira comunhão. Que Carlo Acutis nos ajude a também reconhecermos esse valor, para que busquemos a Eucaristia diariamente como o alimento que nos levará ao Céu. Digo a todos os jovens que, para termos um projeto de vida de verdade, é preciso colocar Jesus em primeiro lugar. «O meu projeto de vida é estar sempre com Jesus», afirmava Carlo. E não há forma melhor de estar sempre com Jesus do que a Eucaristia. Essa foi a via expressa para Carlo e o é, também, para mim e para você.

Direção geral
Renata Ferlin Sugai

Direção editorial
Hugo Langone
Felipe Denardi

Produção editorial
Gabriela Haeitmann
Ronaldo Vasconcelos

Revisão
Rafael Pangoni

Capa
Gabriela Haeitmann

Diagramação
Sérgio Ramalho

ESTE LIVRO ACABOU DE SE IMPRIMIR
A 25 DE SETEMBRO DE 2024,
EM PAPEL PÓLEN BOLD 90g/m².